Einführung in die arabische Sprache,
erschienen 2017, 1. Auflage
Buchwerk Verlag, Inh.: Manfred Schenk KG,
41363 Jüchen
Persönlich haftender Gesellschafter: Manfred Schenk

Text: Sliman Abbouchi
Umschlag, Layout & Druck: Buchwerk Verlag
ISBN: 978-3-96086-100-3
€ 17,90

Einführung in die arabische Sprache

Autor

Sliman Abbouchi

Einleitung

Während meiner Tätigkeit als Dozent an verschiedenen Universitäten, suchte ich lange Zeit vergebens nach einer geeigneten Lektüre, die leichter und präziser die arabische Sprache lehrt.
Zu viele grammatikalische Fehler in unterschiedlichsten Lehrbüchern animierten mich zu meinem Entschluss, Verantwortung zu übernehmen.
Das vorliegende Exemplar ist das Ergebnis: mit alltäglichen Themen und dazu parallel progressive Regeln, grammatikalisch erläutert, mit Beispielen und Lösungen.

Das Buch zielt auf folgende Kategorien von Sprachlernenden:

Zielgruppen:

- Studenten
- Arabische Kinder b.z.w. Schüler mit Migrationshintergrund
- Vorbereitung für das Arabisch-Studium
- Touristen

بسم الله الرحمان الرحيم

(يا أيها الناس إنا خلقناكم من ذكر وأنثى وجعلناكم شعوبا وقبائل لتعارفوا....)

صدق الله العظيم

Im Namen Allahs, des Allerbarmers, des Barmherzigen

(O ihr Menschen, wir haben euch ja von einem männlichen und weiblichen Wesen erschaffen und wir haben euch zu Völkern und Stämmen gemacht, damit ihr einander kennenlernt...)

Inhaltsverzeichnis

Vorwort

Liebe/r Lernende/er, liebe/r Student/in:

Weil Sie noch nicht arabisch sprechen können, können Sie auch noch nicht lesen. Jedoch können Sie Arabisch im ersten Unterricht sprechen, wenn Sie folgende Sätze, die ich auf Lautschrift und auf Deutsch übersetzt habe, auswendig lernen, bis Sie die arabischen Buchstaben und Vokale gelernt haben. Dann können Sie das auf Arabisch schreiben. (Übung)

Diese Sätze sind eine allgemeine Grundlage. Sie können diese, egal wo Sie sind, benutzen und jeder kann sie verstehen.

Wichtige Sätze beim ersten Kontakt

Es ist nicht einfach Arabisch auf Lautschrift zu schreiben, weil es ein paar arabische Buchstaben gibt, die nicht auf Deutsch existieren. Deswegen können Sie in unterschiedlichen Büchern andere Symbole b.z.w. andere Schriftarten finden. Also in diesem Buch handelt es sich um ein Beispiel der Lautschrift. Man soll sie mit dem Dozenten im Unterricht erklären:

Marhaban (Hallo)

Keifa haluka/ Haluki? (Wie geht's dir?)

Ana bikheir.Schokran.oua anta bzw anti?

(Mir geht es gut danke, und dir?)

Ana eidan bikheir. (auch gut)

Ma ismuka bzw ismuki?

(Was ist Ihr Name?)

Ana ismi ....(mein Name ist...)

Tacharaftu..........(sehr angenehm☺)

Hal tadrussu/tadrusina ?

(Studierst du?)

NaĂam /la! (ja/nein!)

Eina tadrusu/tadrusina? (Wo studierst du?)

Ana adrusu fi jamiĂati (Ich studiere an der/in....)

Mada tadrusu/tadrusina? (Was studierst du?)

Ana adrusu (Ich studiere...)

eina taskunu/taskunina? (Wo wohnst du?)

Ana askunu fi (Ich wohne in....)

Hal anta maghribiyun/ arghribiyatun?

Bist du Marokkaner/in?)

NaĂam/la.Ana lastu maghribiyun

Ja/nein, ich bin / nicht....)

Limada tataĂalamu/tataĂalamina al3arabiya?

(Warum lernst du Arabisch?)

Ana atĂalamu alĂarabia li. (Ich lerne arabisch für/wegen/um...zu/damit...)

Mahia alurat alati tataklamuha/tatakalaminaha?

Welche Sprache sprichst du?

Ana atakalamu...oua...

Ich spreche...und...

Und das ist die Umschrift auf Arabisch. Diese müssen Sie nicht in der ersten Sitzung können, jedoch am Ende nach dem Lernen der arabischen Vokale sollten Sie sie beherrschen und auch schreiben können.

مَرْحَبًا

كَيفَ حَالُكَ ؟/ كيف حَالُكِ ؟

أنا بخير شكرا وأنتِ /وأنتَ ؟

مَا أُسْمُكَ ؟/ مَا أُ سْمُكِ؟

أنَا أُسْمي...

تشرفت.....

هَلْ تَدْرُسُ؟ / هَلْ تَدْرُسِينَ ؟

نعم/ لا

أين تدرس تدرسين؟

أنا أَدْرُسُ فِي جَامِعةِ ...

مذا تدرُسُ ؟مذا تدرسين؟

أنا أدرس.....

أين تسكن/ تسكنين؟

أنا أسكن في....

هَلْ أنْتَ مَغْرِبِيٌّ ؟ هَلْ أَنْتِ مَغْرِبِيّةٌ؟

نعم/ لا أنا لست .....

لمذا تتعلم/ تتعلمين العربية؟

أنا أتعلم العربية ل......

مَاهيَ اللّغات الّتي تَتَكلَمُ بِها ؟ / الّتي تَتَكَلّمِينَ بِها ؟

أنا اتكلم ....

Das arabische Alphabet

Das arabische Alphabet besteht aus 28 Buchstaben. Sie werden unterschiedlich geschrieben, gemäß, ob der Buchstabe isoliert ist, am Anfang, in der Mitte oder am Ende des Wortes steht. Das werde ich im Folgenden erkläre:

Hinweis!
Aus pädagogischen Gründen, habe ich erst einen Buchstaben khaĀ"e(خ) in der Tabelle „Verbindung der arabischen Buchstaben" (Seite16) eingetragen.

Buchstabe	Lautschrift	entsprechend auf Deutsch
ا	alif	A wie bei „Beamter“
ب	bā“e	Wie deutsches b,im auslaut je-doch nicht hart,sondern weich wie im Englischen
ت	tā“e	Helles, vorn in der Mundhöhle gesprochen t
ث	ṯā“e	Stimmloser Lispellaut wie engl.„Three“/thing
ج	ğim	Stimmhaftes dsch Wie bei „Engagement“
ح	ḥā“e	Scharfes, ganz hinten in der kehle gesprochene h, etwa wie das Fauchen eines Tieres

Buchstabe	Lautschrift	entsprechend auf Deutsch
د	dāl	Wie deutsches d,im Auslaut jedoch nicht hart,sondern weich
ذ	ḏāl	Stimmhaftr Lispellaut wie engl.th in „“There“
ر	rā“e	Rollendes Zungenspitzen Wie in „Peter“
ز	ẕāy	Weiches stimmhaftes s Wie bei „Simone“
س	sin	Hartes stimmloses s,wie deutsches ß
ش	Šien	wie deutsches „sch“
ص	ṣā“d	Dumpfes stimmloses s, durch Pressen der Zunge den Obergaumen gebildet
ض	ḍāḍ	Intensiv ausgesprochenes „d“
ط	ṭā“e	Dumpfes stimmloses t, ohneHauchlaut,durch Pressen der Zunge den Obergaumen gebildet
ظ	ḑā“ḑ	Dumpfes stimmloses s oder t, oft nach d lautend,durch Pressen der Zungenspitze an den Obergaumen gebildet
ع	Ăin	So wie ein Schaf “blöken“

غ	ġin	Gaumenzäpfchen-r, wie wie das g in Norddeutsch“Wa-gen“
ف	Fā“e	Wie deutsches „F“
ق	qāf	Ein deutliches „K“
ك	kāf	So wie ein Huhn “gackern“
ل	lām	Wie deutsches L
م	miem	Wie deutsches „M“
ن	nūn	Wie deutsches „N“
ه	Hāe	Wie leiches deutches „H“,auch imAuslaut kosonan-tisch,also kein Dehnung-h,sondern gehaucht
و	wāw	Rundes Lippen-w, wie „ well“
ي	Yā“e	Wie deutsches j beim „ja-gen“

- Es gibt noch besoneder Bochstaben ,die als ein langes a ausprichen wie beim Aachen oder Ah…!

ى	آ	ـا

Bemerkung:

- Während Sie versucht haben, die Buchstaben auszusprechen, haben Sie bestimmt bemerkt, dass manche Buchstaben fast ähnlich sind und kaum zu unterscheiden sind. Dies gilt für folgende Buchstaben:

Der Buchstabe	Der Ähnliche
ت	ط
س	ص
ك	ق
ح	ه

Und bestimmt haben sie bemerkt, dass es fast unmöglich ist, das Wort „ع“ auszusprechen.

Zu Beginn sind all diese Schwierigkeiten ganz normal. Schritt für Schritt werden Sie lernen, diese zu beherrschen.

- Weil es auf Arabisch kein entsprechendes Wort für “p“, wie bei „Papa“ und „w“, wie in “Wort“ oder „ch“ wie bei „möchte“ gibt, darf man als eine Lösung folgendes benutzen: (Nicht beim Ausfühlen der Unterlagen!)

Der d Buchstab auf Deutsch	alternativer Buchstabe
p	پ
g	ڭ
w	ڤ

Achtung : Die oberen Buchstaben sind keine arabischen Buchstaben!

Das Verbinden der Buchstaben

In diesem Kapitel geht es darum, wie man die obengenannten Buchstaben verbindet.

Wie bereits erwähnt, kommt es drauf an, ob der Buchstabe am Anfang, in der Mitte oder am Ende des Wortes steht.

Isolierte Buchstabe	Anfang	Mitte	Ende
	Des Wortes		
ا	ا	ـا	ـا
ب	بـ	ـبـ	ـب
ت	تـ	ـتـ	ـت
ث	ثـ	ـثـ	ـث
ج	جـ	ـجـ	ـج
ح	حـ	ـحـ	ـح
خ	خـ	ـخـ	ـخ
د	د	ـد	ـد
ذ	ذ	ـذ	ـذ
ر	ر	ـر	ـر
ز	ز	ـز	ـز
س	سـ	ـسـ	ـس
ش	شـ	ـشـ	ـش
ص	صـ	ـصـ	ـص
ض	ضـ	ـضـ	ـض

ط	طـ	ـطـ	ـط
ظ	ظـ	ـظـ	ـظ
ع	عـ	ـعـ	ـع

Isolierte Buchstabe	Anfang	Mitte	Ende
	des Wortes		
غ	غـ	ـغـ	ـغ
ف	فـ	ـفـ	ـف
ق	قـ	ـقـ	ـق
ك	كـ	ـكـ	ـك
ل	لـ	ـلـ	ـل
م	مـ	ـمـ	ـم
ن	نـ	ـنـ	ـن
ه	هـ	ـهـ	ـه
و	و	ـو	ـو
ي	يـ	ـيـ	ـي
ى	-	-	ـى

❖ Es gibt noch drei Zusatzbuchstaben:

- Buchstabe (ة) heißt ein verbundenes **T** und nicht offenes (ت), das erkläre ich in weiteren Lektionen
- Buchstabe (ى) ist ein alif (ا), das erkläre ich auch später
- Dieses Zeichen (ء) heißt Alhamza. Es steht manchmal auf dem alif (أ رنب) oder auf dem waw (لبؤة) oder auf dem jaa"e (قارئ), aber manchmal auf der linge auch(مساء).Das werde ich ausführlich erklären.

Ohne die Vokale können Sie Arabisch gar nicht richtig lesen. Es reicht nicht, zu wissen, wie man die Buchstaben schreibt, um die Bedeutung des Wortes verstehen zu können. Ein falsch ausgesprochenes Wort wird oft nicht verstanden. Folglich sind die Vokale die Basis.

Vokale

Es gibt 2 Sorten von Vokalen bei den Arabern: kurze und lange Vokale:

- Kurze Vokale: a (Fat-ha) i (Kassra) und u(Damma)
- Lange Vokale: ah (fatha+alif) ie(kassra+ya"e) und uh(damma+ waw)
- Besondere Regeln: Das Sukun, Verdopplung, Nunation, das Madda

In dieser nachstehenden Tabelle werden die obengenannten Regeln erklärt:

Vokalsorte	Vokalname	Lautzeichen	Beispiel
Kurze	Fatha	َ.....	Sa : سَ
	Kassra	ِ....	Bi : بِ
	Damma	ُ....	Bu : بُ
Lange	Fatha tawila	ـَـ+ ا	ġā :غَا wie bei Draht
	Kassra tawila	ـِـ+ ي	Bie: بِـي /wie bei „ Bieten“
	Damma tawila	ـُـ+ و	Mū: مُـو /wie bei „muhen“

❖ **Erläuterungen:**

- **Fatha فتحة** : ein Strich über dem Buchstaben wird als kurzes „a“ nach dem Buchstaben gesprochen, z.B ba :بَ

- **Damma ضمة** : eine kleine Schleife über dem Buchstaben wird als kurzes „u" nach dem Buchstaben gesprochen, z.B bū: بُو
- **Kasrah كسرة**: ein Strich unter dem Buchstaben wird als kurzes „i" nach dem Buchstaben gesprochen z.B fi فِي

Es gibt noch einige besondere Regeln:

- **Sukun سكون** : ein kleiner Kreis über dem Buchstaben zeigt an, dass kein Vokal nach dem Buchstaben folgt, z.B bint (Mädchen). نْ

- **Nunation**: **التنوين**:° wenn Hauptwörter isoliert stehen, wird in der Regel die neutrale Form تنوين (tanwin) verwendet, die angibt, dass es sich um unbestimmte Wörter handelt (ein/eine). Tanwin bedeutet buchstäblich „ein nun aufsetzen" und wird deswegen "**Nunation**" genannt. Es wird mit einem kleinen Symbol auf dem letzten Buchstaben dargestellt (..ٌ.) und „un" ausgesprochen: z.B. ein June" وَلَدٌ" / waladun.
- **Madda المد** : anstelle von Zwei اا schreibt man آ , um die Folge zweier Alif zu vermeiden . Das Zeichen **~**auf dem (ا) heißt Madda, wie bei "**<u>Aa</u>**chen"

Übungen

1- Schreiben Sie die isolierten Buchstaben ab und sprechen sie Sie aus:

Schreibweise	Buchstabe	Name
………………	ت	……………
……………	ح	……………
……………	ن	„nun“
……………	ج	……………
……………	س	……………
……………	ش	……………

2- Lesen Sie die folgenden Buchstaben laut vor:

سَ	نَ
يَ	كِ
مْ	لْ
بَ	وَ

طُ	جَ
زْ	قَ

3 - Lesen Sie auch diese Buchstaben laut vor:

جَـا	حَـا نَ
كـُـو	وَ ا وٌ
بـُـو	بَرْزَ
زُو	عِجْلٌ
غـُـو	زَ رَا
سِـــي	عِصَامْ
مـا	جَرَ
دَ ا	وَعْ

- Diese Wörter haben keine Bedeutung. Das ist nur eine Übung, um das Alphabet zu lernen!
- Doppelte Vokale stehen immer am Ende des Wortes und nicht am Anfang z.B. (جَوَادٌ).

- Welche Vokale am Wortende bei kassra, damma, fatha folgen, hängt vom Kasus ab (Nominativ, Genitiv, Dativ, Akkusativ). Das erkläre ich später...

4-Schreiben Sie Folgendes auf Arabisch:

Su	buh	Kah
Kān	sie	Šam
San	būm	Ťā
Lām	Ďās	ṭām

5-Verbinden Sie diese Buchstaben wie im Beispiel unten:

ج+م+ل	جمل
ح + ص + ا + ن	
ب + غ + ل	
م + ع + ل + م	
ج + ر + س	

ط + ف + ل	
ق + و + س	
م + د + ر +س +ة	
ل + و + ز	

ح+ص+ا+ن	
م+ل+ا+ك+م	
أ+ر+ن+ب	
ح+ق+ل	
ذ+ئ+ب	
ف+ي+ل	
ج+ا+م+ع+ة	
م+ه+ر	
ق+ص+ا+ص	
ب+ق+ر+ة	
ث+و+ر	
ب+غ+ل	
ف+ر+ا+ش+ة	
أ+و+ا+ن+س	
ل+ا+ج+ى+ء	
ق+ا+ن+و+ن	
ن+ج+ا+ح	
ز+ف+ا+ف	
د+ا+ل+ة	
م+و+ك+ب	

ب+ح+ر	
س+ر+ي+ر	
د+ه+د+ه	

Folgende Buchstaben werden niemals mit anderen Buchstaben verbunden, wenn sie danach stehen:

ر	ز	و	د	ذ	ا

Das heißt, wenn ein Buchstabe nach diesen obengenannten Buchstaben folgt, wird er isoliert geschrieben und nicht verbunden.

- Beispiele:

Verbinden Sie nachstehende Buchstaben:

Verbundene Buchstaben	Buchstabe
رَجُلٌ ein Mann	رَ + جُ + لٌ
مَوجة eine Welle	مَ + وْ+جَ+ةُ
جَرادٌ Wanderheuschrecken	جَ + رَ+ ا+ دٌ

Hinweis:

Bei nachfolgenden Lektionen werden die Texte und Fragen inhaltlich übersetzt und nicht Wort für Wort!

Lekion I

Kennen Lernen

Begrüßung

Lesen Sie den ersten Teil des Dialogs zwischen Mariam (links auf dem Bild) und Hind (rechts):

Mariam | Hind

أَلسّلامُ عَلَيْكُمْ

وَ عَلَيْكُمُ أَلسّلام

كَيْفَ حَالُكِ ؟

بِخير،اَلْحمدُ لله شُكْرا. وَأنتِ كَيْفَ حَالُكِ ؟

أنَا أيْضًا بخَيْر، شُكْرًا .

مَعَ اَلسّلامَة.

Speichern

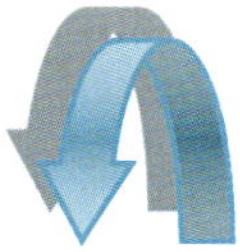

❖ Möchten Sie jemanden auf Arabisch begrüßen, sagen Sie:
„ اَ لـــسّـــلاَ مُ عَـلـيْـكُـــم„

❖ Möchten Sie wissen, wie es ihrem Gegenüber geht, sagen Sie:

- Für eine weibliche Person
- كَيْفَ حَالُكِ ؟ (ki am Ende!)
- Für eine männliche Person
- كَيْفَ حَالُكَ ؟ (Ka statt ki am Ende)

❖ Wenn Sie sich von jemanden verabschieden möchten, sagen
Sie:
" مَـعَ اَ لـسّـلاَ مَـةِ "

Begrüßung

Schauen Sie folgende Bilder an und lesen Sie laut vor!

صَبَاحُ اَلْخَيْر

مَساءُ اَلْخَيْر

لَيْلَةٌ سَعِيدةٌ

Speichern

❖ Ich habe verstanden, dass ich sage ...

- „Guten Morgen“ صَبَاحُ الْخَيْر
- „Guten Abend“ - مَساءُ الْخَيْر
- „Gute Nacht“ لَيْلَةٌ سَعيدة ٌ

Infos

❖ Man sagt auch manchmal für:

- „Guten Tag“ bei männlichen Personen طَـاب يَـوْمُـكَ und bei weiblichen طَـابَ يَـوْمُـك
- Oder نَهارُكَ سَـعِـيد für männlich und نَهَارُكِ سَـعِـيد für weiblich
- Oft spricht man die Endungen nicht! D.h. man sagt z.B. „Gute Nacht “ لَيْلَ سَعيدَ und oft vernachlässigt man die Vokale am Ende eines Wortes! Man sagt z.B. „Guten Morgen صبَاحْ لْخِير anstatt صَبَاحُ الْخَيْر

• Bei manchen Büchern werden viele arabische Wörter auf Umschriftform geschrieben, genau so, wie man sie ausspricht. Dabei entsteht ein Problem beim richtigen Lernen, weil man lernt, was ausgesprochen wird (wie ich oben erklärt habe) und nicht, wie die Wörter richtig geschrieben werden. Als Beispiel:

{ Leila SaĂida لَيْلَةٌ سَعِيدَةٌ }

Wenn man sich die Umschrift anschaut und die arabische Schrift, versteht man nicht gut und fragt sich, warum es auf Arabisch ein T am Ende (ة) gibt, aber bei der Lautschrift nicht!!
Daher mein Rat an Sie: Lernen Sie die Wörter, wie Sie richtig geschrieben werden und keinesfalls, wie man sie ausspricht!

Verabschiedung

- „Auf Wiedersehen" sagt man: إلى اللقاء
- „Tschüss" sagt man: وداعًا

Übung

Was passt zusammen?

Guten Tag		وداعًا
Tschüss		صَبَاحُ الْخَيْر
Guten Morgen		إلى اللّقاء
Gute Nacht		صَبَاح النّور
Auf Wiedersehen		لَيْلَةٌ سَعيدةٌ

Lekion II

Meine Familie

Im Arabischen gibt es verschiedene Wörter für "Onkel". Das kommt drauf an, ob man den Bruder des Vaters oder den der Mutter meint. Im ersten Fall heißt es „ اَلْعمّ „ und im zweiten Fall heißt es "اَلْخَال".

Es ist bekannt, dass die Araber oftmals viele Kinder haben (durchschnittlich hat fast jede Familie 3 Kinder) Es gibt Familien, die bis zu 13Kinder haben.

Schauen wir uns mal diese Familie an:

Familienstamm-baum

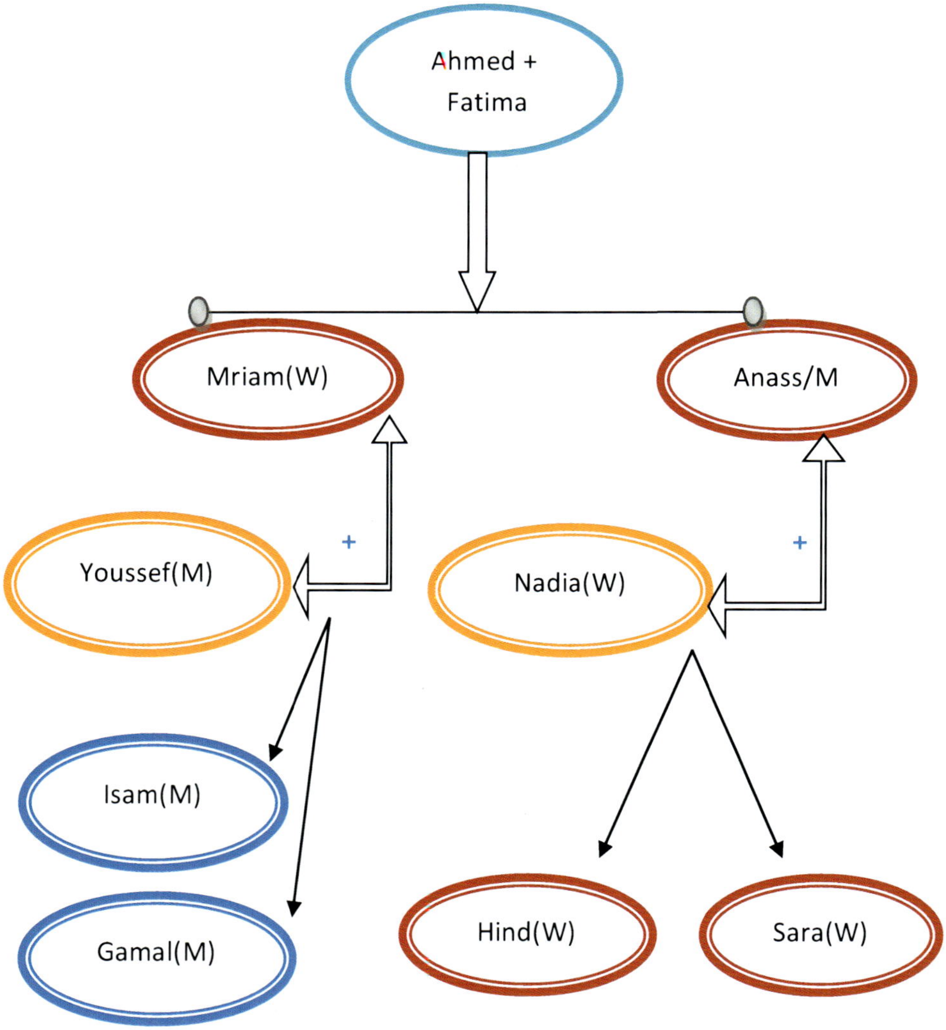

Laut der Grafik oben ist dann:

- Ahmed der Ehmann (الـز ج)von Frau Fatima(الزوجة)
- Anass ist der Sohn (الابن)

- Mariam ist die Tochter(الابنة)
- Mariam und Anass sind Geschwister(الاخوة)
- Anass ist der Bruder (الاخ) von Mariam
- Mariam ist die Schwester (الاخت) von Anass
- Anass ist mit Nadia verheiratet (متزوج)
- Nadia ist von Ahmed und Fatima die Schwiegertochter (زوجة الابن)
- Nadia ist für Mariam die Schwägerin (زوجة الاخ)
- Hind und Sara sind Kinder (أبناء) von Anass und Nadia
- Sara und Hind sind die Enkelinnen (احفاد) von Ahmed und Fatima
- Sara/Hind sind die Nichten (بنات الاخ) von Mariam
- Mariam ist die Schwägerin (اخت الزوج) von Nadia
- Mariam ist die Tante (خالة) von Sara und Hind
- Youssef ist der Schwiegersohn von Ahmed und Fatima (زوج البنت)
- Ahmed ist der Großvater (الجد) von Sara und Hind
- Fatima ist die Großmutter(الجدة) von Hind und Sara
- Isam ist der Cousin (ابن الخالة) von Hind und Sara
- Hind und Sara sind Cousinen (بنات الخال) von Isam und Gamal
- Fatima ist die Schwiegertochter (ام الزوج) von Nadia
- Ahmed ist der Schwiegervater (اب الزوج) von Yousef
- Yousef ist der Schwager (زوج الاخت) von Anass

Zu bemerken!

- Der Bruder des Vaters heißt: العـم
- Der Bruder der Mutter heißt: الخـــال

Bemerkung

Da es mein Ziel ist, dass Sie sich immer mit den arabischen Buchstaben und Vokalen beschäftigen, werde ich weites gehend nicht mehr auf Lautschrift schreiben. So kann man schnell arabisch lernen.

Lautschrift macht wenig Sinn, wie Sie vielleicht schon bemerkt haben. Es gibt Buchstaben auf Arabisch, die man nicht auf Deutsch schreiben kann z.b(ع).

Auf Arabisch nennt man „التشكيل“ **Taschkil,** die Vokalen auf Buchstaben setzen.

Übungen

1-Schreiben Sie diese Wörter ab und setzen Sie die Vokale ein. Danach erklären Sie die Bedeutung des Wortes:

بنت خال	أبناء	جَدٌّ
زوج	أخت	زوجة
حم	عمة	خال
ابن عم	إبن عم	حفيدة

2-Versuchen Sie in Gruppen eine Familie zu bilden, wo man sich vor- stellt!

3-Stellen Sie einander die Fragen: Wer bist du? Wer sind

Sie?

Grammatik

❖ Personalpronomen

Personalpronomen sind ein wichtiger Satzteil. Ohne diese wissen wir nicht, wer spricht.

Im Arabischen gibt es mehr Personalpronomen als im Deutschen.

Das variiert zwischen Mann und Frau:

▪ Ich (N/M)	أ نـــا	Singular
▪ Du (M)	أنْتَ	
▪ Du (W)	أنْتِ	
▪ Er (M)	هُوَ	
▪ Sie (W)	هِيَ	
▪ Wir	نَحْنُ	Plural
▪ Ihr (M)	أنْتُمْ	
▪ Ihr (W)	أنْتُنّ	
▪ Sie (M)	هُمْ	
▪ Sie (W)	هُنّ	

- Wir (2Personen) نحن
- Ihr (beide F.) أنتما
- Ihr (beide M.) أنتن
- Sie (beide F) هما
- Sie (beide M) هما

} Dual

❖ Zahlen

In vielen arabischen Ländern werden normale Zahlen verwendet (Marokko, Tunesien...), aber bei anderen werden noch die klasischen arabischen Zahlen verwendet.

❖ Kardinalzahlen

Schreibweise	Arabisch Umschrift	Lautschrift	Zahl
٠	صفر	Šifr	0
١	واحد	wahed	1
٢	اثنان	ithnahni	2
٣	ثلاثة	thalatha	3
٤	أربعة	arbaĂa	4
٥	خمسة	khamssa	5
٦	ستة	Ssitta	6
٧	سبعة	ssabĂa	7

٨	ثـمـا نـيـة	thamahnia	8
٩	تـسـعـة	tissĂa	9
١٠	عـشـرة	Ăaschara	10
١١	إحدى عشر	Iĥda Ăaschar	11
١٢	إثنا عشر	Ithna Ăaschar	12
١٣	ثلاثة عشر	Thalatha ta Ăaschara	13
١٤	أربعة عشر	arbaĂa ta Ăaschara	14
١٥	خمسة عشر	Khamssa ta Ăaschara	15
١٦	ستة عشر	Ssitta ta Ăaschara	16
١٧	سبعة عشر	ssabĂa ta Ăaschara	17
١٨	ثمانية عشر	Thamahnia ta Ăaschara	18
١٩	تسعة عشر	tissĂa ta Ăaschara	19
٢٠	عشرون	Ăischrun	20
٢١	واحد و عشرون	Wahed wa Ăischrun	21

- **Ordinal Zahlen**

Feminin	Maskulin
Die erste/al uhla	Der erste/ al awal
Die zweite/Athahnia	Der zweite/A-thahni
Die dritte/Athahlitha	Der dritte/A-thahlith
Die vierte/ArahbiĂa	Der vierte/ArahbiĂ
Die fünfte/Alkhahmissa	Der fünfte/Alkhahmiss
Die sechste/Assahdissa	Der sechste/Assahdiss
Die siebte/AssahbiĂa	Der siebte/AssahbiĂ
Die achte/Athahmina	Der achte/Athahmin
Die neunte/AthasiĂa	Der neunte/AtahsiĂ
Die zehnte/AlĂschira	Der zehnte/alĂhschir
Die elfte/Alhadiyata-Ăaschar	Der elfter/Alhadi-Ăaschar

Die zwölte/Athahniyata-Ăaschar	Der zwölfter/Athani-Ăschar
Die dreitzehnte/ Athahlit-hata-Ăaschar	Der dreitzehnter/Athalith-Ăaschar
Usw…also ab 11-19 bildet man die Ordinal zahl so: Zahl(1-9)ordinalisch ta+ Ăaschar Ab 20 benutzt man :al-Ăischrun z.b die 23ste: Athahlitha wa al Ăischrun …	Usw…Regel:also ab 11-19 spricht man die zahl/1-9) ordinalisch-Ăaschar Ab 20 benutzt man :alĂischrun z.B 23: athahlith wa alĂischrun …..

Grammatik

❖ Definierte und undefinierte Wörter:

Auf Deutsch ist es leicht zu wissen, ob dieses Wort oder jenes Wort defeniert ist. Man soll nur schauen, ob das Wort mit bestimmten oder unbestimmten Artikel verbunden ist : ein(e) / der/die

Auf Arabsich ist das ganz anderes!

Auf Arabisch gibt es keinen entsprechenden Artikel von „ein oder eine), d.h. aber nicht, dass es keine unbestimmten Wörter auf Arabisch gibt.

Man erkennt ein unbestimmtes Wort daran, dass es am Ende mit zwei Vokalen geschrieben wurde.
Z.B.

مُهَنْدِسَةٌ	مُعَلِّمَةٌ

- Bestimmte Wörter auf Arabisch sind leicht zu erkennen:
  Wenn ein Wort mit dem Artikel „ال" verbunden wird, ist es bestimmt
  Z.B.

اَلْمُهَنْدِسة	اَلْمُعَلِّمة

Zu bemerken!

- Es gibt kein entsprechendes Wort auf Arabisch für „ein" und „eine"
- Es gibt kein entsprechendes Wort für "das" auf Arabisch
- Bestimmte Wörter auf Arabisch sind ohne "ا ل" geschrieben mit zwei Konsunanten am Ende

Lekion III

Im Restaurant

Die Araber sind bekannt für ihre „Gastfreundschaft“. Das Essen zum Beispiel ist hierbei das wichtigste Thema ...Es gibt aber ein paar Reglungen beim Essen b.z.w. Einladung.

Essen bestellen

- Dialog1
  Während der Dozent den Text vorliest, setzen Sie bitte die Vokale auf die Wörter!

Gast

Kellner

مرحبا

Hallo!

مرحبا

Hallo!

كيف اخدمك سيدي؟

Wie kann ich ihnen dienen?

هل بامكني الحصول على قائمة الأطعمة من فضلك؟

Kann ich bitte die Speisekarte haben!

بكل سرور...تفضل

Gerne. Bitte schön.

بخصوص الطعام: اود طلب الرقم 7 : طاجين بلحم العجل والفاصوليا.

Zum Essen möchte ich die Nummer sieben bestellen: Tağin mit Rindfleisch und Bohnen.

هل تود ترغب في مشروب ما؟

Möchten sie ein Getränk?

نعم أود لحصول على قنينة ماء مع عصير الليمون.

ich möchte eine Flasche Wasser mit Orangensaft.

حاضر سيدي

Ja gerne

Bezahlen...

- Dialog2

Gast

Kellner

الحساب من فضلك

Rechnung bitte!

فورا ، لديك طاجين بلحم العجل

و مشروبين ، المجموع هو 32 درهما

Sofort, also sie haben Tağin mit Rindfleisch und Bohnen und zwei Getränke, die Summe ist 32 Dirham.

طيب تفضل 35 درهما احتفضل بالباقي.

Gut, bitte schöne, hier 35 Dirham, nehmen Sie den Rest.

شكرا لك

Danke sehr.

عفوا .

Bitte.

هل أُحضر لك الشاي؟

Möchten sie Tee?

نعم أرغب في الشاي.

Ja, ich möchte Tee.

الشاي مع النعناع ؟

Tee mit Pfefferminze?

لا الشاي بنكهة لويزا.

Nein, Tee mit Verbene.

فورا

Sofort.

تفضل سيدي

Bitte sehr.

كم ثمنه من فضلك؟

Wieviel kostet das?

لا سيدي هذا هدية لزبنائنا.

Nein, das geht auf´s Haus.

Wortschatz

النادل	Der Kellner
الزبون	der Gast
الاكل	das Essen
المشرو	Die Getränke
عصير الليمون	Orangensaft
عفوا	Bitte
الشاي	Der Tee
الحساب	Die Rechnung
لائحة الاطعمة	Die Speisekarte
النعناع	Minze

Traditionen

Beim Essen gibt es ein paar arabische Traditionen:

- Nicht „mit der Nase auf dem Tisch essen"! Das ist richtig unfreundlich, wenn man seine Nase am Tisch putzt. Hierfür lieber ins Bad gehen...
- Rülpsen ist bei Arabern nicht schimm. Hat man gerülpst, sagt man: "Astaghfiro Allah", das heißt: „ Gott verzeih." Warum „Gott verzeih", weil man nicht zu viel Essen darf, so dass der Magen verstopft. Lieber ein Drittel für Essen, ein Drittel für Trinken und der Rest fürs Atmen.
- Bei manchen Familien wird man immer weiter gebeten zu essen, so zeigt man seine Freude über den Gast.
- Es ist nicht schlimm, wenn Sie ein bisschen zu spät kommen.

Grammatik

❖ Sonnen- und Mondbuchstaben:

Was heißt das eigentlich? Wie in anderen Büchern erklärt wird, sind die Sonnenbuchstaben, die Buchstaben, welche nach dem Artikel „ال" stehen, wo das „ل" lam nicht ausgesprochen wird. Das ist genau das Gegenteil bei den Mondbuchstaben:
Achten Sie auf folgende Beispiele:

Wird „ل“ ausgesprochen		Das Wort	Nummer
ja	nein		
●		اَلْجَمَلُ	1
	●	اُلشّمْسُ	2
●		اَلْبَقَرَةُ	3
	●	الذ ئب	4
●		العصـفـور	5
	●	اُلتّلميذ	6

Also um diese Tabelle zu verstehen und um zu wissen, wann man den Buchstabe “ل “ ausspricht und wann nicht, sollen Sie einfach darauf achten, was nach dem „ل“ steht.
Wie in der Tabelle steht, wenn nach dem „ل“ ein “ش“ oder ein “ت“ oder ein „ذ“ steht, wird der Buchstabe „ل“ nicht ausgesprochen. Diese Buchstaben heißen Sonnen-Buchstaben.
Sonnen-Buchstaben sind folgende:

ت - ث - د - ذ - ر - ز - س - ش - ص ض - ط - ظ - ل - ن

Mondbuchstaben, sind eine Menge von Buchstaben mit der Regel: Steht einer von diesen nach dem „ال“ , wird der Buchstabe wie „ل“ ausgesprochen.
Mondbuchstaben sind:

ع - غ - ف - ق - ك - م - ه - و - ي ا - ب - ج - ح - خ -

Übung

Wird „ل“ in diesen Wörtern ausgesprochen oder nicht? Kreuzen Sie ja (نعم) oder nein (لا) an!

ja نعم	nein لا	das Wort الكلمة
		الرمان
		الجوز
		القمر
		الشمس
		النبات
		التركيب الضوئي
		السماء
		الضوء
		المعلم
		الجامعة

Lekion IV

In der Stadt

Im Taxi

Lesen Sie den Dialog zwischen Peter und dem Taxifahrer!

Peter

Taxifah-

السلام عليكم

Frieden sei mit Ihnen.

وعـــلـيـكم الـسـلام . الى أين تريد ؟

Frieden sei auch mit ihnen, wohin möchten Sie?

لحظة من فضلك... أ بحث عن فـنـدق أسمه اليمامة

Moment bitte ...! Ich suche ein Hotel, das Yamam heißt.

نعم إنه في وسط ألمدينة، ضع الأمتعة في الوراء وسوف اوصلك

Ok, es ist in der Innenstadt. Legen Sie Ihr Gepäck nach hinten und ich werde sie hinfahren.

شكرا جزيلا.كم يفصلنا عن المكان تقريبا

Danke sehr, wie weit sind wir ungefähr von unsem Ziel entfernt?

حوالي 15 دقيقة

Ca.15 min

حسنا

Ok.

من أي بلد أنت؟

Aus welchem Land kommen Sie?

أنا من المانيا

Ich komme aus Deutschland.

ولكنك تتكلم العربية الفصحى أحسن مني

Oh! Aber Sie reden hocharabisch besser als ich☺.

ههه...شكرا لقد تعلمت العربية في الجامعة

Danke☺ ich habe das an der Uni gelernt.

جميل جدا ومرحبا بك في بلدنا

Sehr schön und herzlich willkommen in unserem Land!

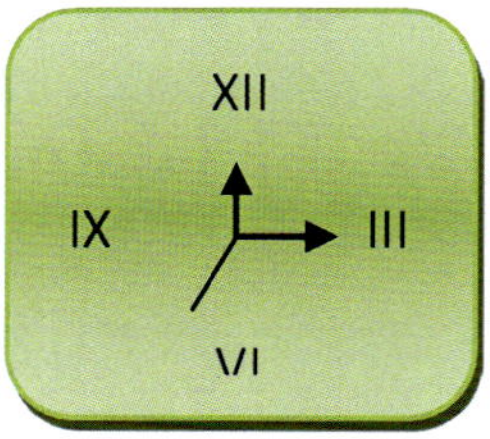

15 min danach ...

لقد وصلنا والحمد لله

So wir sind da, Gott sei Dank.

كم هي أجرتك؟

Wieviel kostet die Fahrt?

90 درهما

90 Dirham.

تفضل 100 درهم

مع السلامة

Bitte hier sind 100.Tschüss.

اِنتظر سيدي يجب أن ارجع لك 10 دراهم

Warten Sie! Ich muss Ihnen 10 Derhams zurück geben.

اِحتفظ بالباقي

Nehmen Sie den Rest.

نهارك سعيد سيدي شكرا

Danke sehr und einen schönen Tag noch.

Wortschatz

Taxifahrer	سائق سيارة اجرة
Hotel	فندق
Zentrum der Stadt	وسط المدينة
Gepäck	الأمتعة
das Land	البلد
Taxikosten	الاجرة
Auf Wiedersehen	إلى اللقاء

Grammatik

❖ Gebundenes und offenes T: ة / ت

Als Sie die arabischen Buchstaben gelernt haben, haben Sie sich bestimmt gefragt, was der Unterschied zwischen (ة) und (ت) ist, obwohl diese beiden Buchstaben **T** genannt werden. Wann schreibt man dann ein gebundenes T und ein offenes T?

Notation:

Dieser Buchstabe (ة) heißt auf Arabisch: Taa`e marbuta und dieser (ت) heißt Taa`e Mabsuta:

[ة] : تـــــاء مربوطة

[ت] : تـــــاء مبسوطة

[ة]: تـــــاء مربوطة

(ة) wird **bei Nomen:**

- nach einem **Fat-ha** geschrieben: z.B. (ساعَةٌ، نَاقَةٌ...) in diesem Fall darf man diesen Buchstaben (ة) als (h) aussprechen:

  Bei den oberen Beispielen sagt man:Naakah(نَاقَهْ) saaعah (سَاعَهْ)

- Nach einem Alif(ا) z.B. فَـــتَـا ة

[ت]: تَـــــاء مَبْسُوطة

- (ت) wird immer mit **Verben** geschrieben z.B.: تَدَخَّلَت ، بَاتَ ، أَخْلَصْتَ
- Aber auch bei **Nomen**:

- Nach einem Sukun: z.B. الوَقْــت oder nach sogenannten (Harfu mad): تَــبَـا ت ، مَلــكُــوت، جبروت،مَبيت...

- beim sogenannten „**der gesunde Plural feminin**“ z.B. أ سْتَاذَات طَبيبَات، مُعَلّمَات

Übung

Warum wurde T in diesen folgenden Wörtern als (ت) geschrieben und nicht als (ة)?

Arbeiten Sie zu zweit oder zu dritt!

das Wort	der Grund
خَدَمَـــاتٌ	
صَوْتٌ	
بُيُوتٌ	
رَسَمْتُ	
عَامِلاتٌ	
مُـهَنْدِسَاتُ	

	لَوْحَاتٌ

Wie werden Sie T in diesen Wörtern schreiben? Als (ة) oder als (ت)?

	جَائِـزَ...
	سِبَاحَ...
	عَضَلا...
	تَعَلّمْ...
	بِنْـــ...
	حَمْزَ...
	أنْـــ...
	مُسَابَقَـــ...

Erinnerung:

Aus pädagogischen Grund, werden Sätze ohne Vokalen nicht mehr geschrieben (Aschakl), weil Sie das mit Ihren Dozenten durcharbeiten. Nun werden alle folgenden Themen und Übungen auf diese Weise bearbeitet.

Der Dozent soll für jedes Thema den Text vorlesen, Sie hören und setzen die Vokale auf die Wörter. Das nennt man auf Arabisch „Aschakl“ الشكل.

Lekion V

Im Hotel

Zimmer mieten

Lesen Sie den Dialog:

Der Gast

Rezeption

مرحبا

Hallo.

مرحبا، كيف أخدمك سيدتي ؟

Hallo, wie kann ich Ihnen helfen, meine Dame?

أود ان استاجر غرفة واحدة لمدة ٧ ايام

Ich möchte ein Zimmer für 7 Tagen mieten.

هل سبق لك ان حجزت عبر الانترنت؟

Haben Sie das schon per Internet reserviert?

لا لم يسبق لي ذالك

Nein, ich habe das nicht getan.

متى تريدين اْلغرفة ؟

Und wann wollen Sie das Zimmer haben?

فورا إذا أمكن ذلك

Sofort, wenn es möglich ist!

لحظة من فضلك، سوف أرى ما إذا كان لدينا غرف جاهزة للإستعمال

Moment bitte, ich schaue mal kurz, ob es noch ein freies Zimmer gibt.

تفضل

Ja, bitte.

لحسن حظك لدينا غرفة مشمسة في الطابق الثاني ولكنها لن

تكون جاهزة الا عند الثانية زوالا

Zum Glück! Wir haben noch ein Zimmer frei in der 2. Etage, sonnig, aber es erst wird ab 14 Uhr frei.

لا مشكلة سوف انتظر

Kein Thema, ich warte.

أحتاج لإبرام العقد إلى جواز سفرك

Ich brauche für den Vertrag ihren Reisepass.

تفضل...

Biite schön...

كم هو ثمن الغرفة لليوم الواحد؟

Wieviel kostet das pro Tag?

٢٠٠ درهم ويدخل فيها مصاريف الاكل ،الانترنت ،الهاتف والمسبح

200 Dirham all inclusive: Essen, Internet, Telefon, Schwimmbad.

آه جيد

Oh gut!

لديك الحق في وجبة الفطور،الغداء والعشاء إما في غرفتك أو في قاعة الضيافة

Sie haben das Recht auf Frühstück, Mittagessen, Abendessen entweder in Ihrem Zimmer oder im Speisezimmer.

حسنا

Ok.

تفضلي أوريك الغرفة أولا

Ich zeige Ihnen erst kurz das Zimmer.

هل يوجد بالقرب من هنا محل تجاري؟

Gibt es hier in der Nähe einen Markt oder..?

للأسف نحن في الصحراء ولا يوجد أي محل قريب من هنا

Leider nicht! Wir sind in der Wüste und es gibt hier keinen Markt in der Nähe.

لا توجد حتى محطة وقود بالقرب من هنا؟

Gibt es hier auch keine Tankstelle?

بلى. أقرب محطة للوقود تقع على بعد ٢٠ كلم.

Doch, aber erst in 20 km.

حسنا الغرفة اعجبتنيك كثيرا...

Oh das Zimmer gefällt mir sehr!

يجب ملأ هذه الاستمارة من فضلك

Sie müssen bitte das Formular ausfüllen.

سوف افعل...

Mache ich...

Wortschatz

Frieden sei mit euch	عليكم السلام

ein Zimmer	غرفة واحدة
Reservation	الحجز
zweite Etage	الطابق الثاني
Vertrag	العقد
Reisepass	جواز السفر
Frühstück	وجبة الفطور
Mittagessen	وجبة الغداء
Abendessen	وجبة العشاء
Markt	محل تجاري
Tankstelle	محطة الوقود
Formular	الاستمارة

Hotel-Formular

Wenn man ein Zimmer mieten möchte, füllt man folgendes Formular aus:

	الإسْم العَائِلِي Familienname
	الإسْم الشّخْصِي Vorname
	اَلْبَلَـد das Land
	المَدِينَة die Stadt

الجنسية Nationalität	
اَلسّن **Alter**	
اَلْمِهْنَة Beruf	
رَقْم المَنْزل Hausnummer	
الــجـــنـــس Geschlecht	
رقْمُ الهَاتِف Tel.Nummer	
الشارع Straße	

Grammatik

❖ Das Genus der Nomen:

Die Frage ist, wie erkennt man maskulin und feminin eines Wortes?
Leider gibt es in diesem Zusammenhang keine allgemeine Regeln, wie im Deutschen. Wir können aber ein paar Regeln verwenden:

- alle Wörter, die ein „ــة / ة“ am Ende haben, sind weiblich: z.B. فتاة ، أسرة، ملعقة...
- es gibt Nomen, die kein sogenanntes “gebundenes T“ am Ende haben, aber trotzdem ein weibliches Nomen bezeichnen z.B. لبنى، أمل، هند...

- im Gegensatz zur deutschen Sprache ist auf Arabisch z.B. der Himmel "السماء" und das Fenster "النافذة" weiblich und das Buch "الكتاب" ist männlich ... also aufpassen!

Lektion VI

Sprachkurs

Anmeldung

Lesen Sie den Dialog zwischen der Sekretärin eines Institutes für Sprachkurse und zwischen Omar, Asylbewerber aus Tunesien:

Albert-Institut Sekretariat, mein Name ist Sara, guten Tag...

Hello can you speak arabic?

نعم انا أسمعك تفضل
Ja ich höre Sie bitte!

أنا اسمي عمر ، أنا لاجيء من دولة تونس وأريد ان أسجل نفسي في درس تعليم أللغة الالمانية
Ich heiße Omar, ich bin Asylbewerber aus Tunesien und ich möchte mich für den Deutschkurs anmelden.

أهلا وسهلا بعمر، هل سبق لك وان تعلمت الالمانية؟
Herzlich willkommen Omar, haben Sie vorher schon mal einen Deutschkurs besucht?

لا ابدا لا أعرف اي حرف بالألمانية
Nein, ich kenne kein Wort auf Deutsch☺

حسنا في هذه الحالة يتعين عليك البدأ من مستوى"1A"
Also in diesem Fall, melden sie sich bitte für den Anfängerkurs an.

ما معنى هذا؟
Was heißt das?

"1A" هو للمتعلمين المبتدئين
Der A1-Kurs ist für Anfänger.

لقد كنت طبيب عيون في بلدي،وأحتاج إلى هذه الشهادة
Ich war Augenarzt in meiner Heimat und brauche dieses Zertifikat.

لا يا عمر لكي تشتغل هنا تحتاج الى شهادة لغة لا تقل عن "1B"، لا يمكنك ان تشتغل بدون ان تتمكن من اللغة
Nein, damit Sie arbeiten können, brauchen sie mindestens das Niveau B1, sonst dürfen Sie nicht arbeiten.

حسنا متى يبدا موعد التسجيل؟
Ok, wann beginnt die Anmeldungsfrist?

التسجيل مفتوح منذ الاسبوع المنصرم
Die Anmeldung hat seit letzter Wochen begonnen.

ماهي الوثائق التي ينبغي علي احضارها ؟
Welche Unterlagen musse ich mitbringen?

أحتاج لتسجيلك ما يلي: صورة حديثة العهد، نسخة من جواز سفرك، رخصة الاقامة ومبلغ ٢٠٠ اورو
Ich brauche ein neues Bild von Ihnen, die Kopie ihres Reisepasses und eine Kopie von ihrer Aufenthaltserlaubnis, sowie 200 Euro.

حسنا، شكرا مع السلامة
Ok danke, auf Wiedersehen!

إلى اللقاء
Auf Wiedersehen!

Wortschatz

Asylbewerber	لاجئ
Sprachkurs	درس اللغة
Niveau	المستوى
Anfänger	مبتدئ
Zertifikat	شهادة
Augenarzt	طبيب عيون
Anmeldung	تسجيل
Fristanmeldung	آجال التسجيل

Arbeit	العمل
Unterlagen	الوثائق
Reisepass	جواز السفر
Aufenthaltserlaubnis	رخصة الاقامة
Beitrag	المبلغ

Grammatik

❖ Sorten von Alif : „ا“ oder „ى“

wann schreibt man
das Alif als “ى“ und
wann als “ا“?

Um diese Frage beantworten zu können, muss ich Ihnen zunächst einige Begriffe erläutern:

1. Das dreiradikalige Verb und das vierradikalige Verb
2. Die Präsensformen (Gegenwart) von Verben, die am Ende ein (ى) oder (ا) haben

1. Die drei-vierradikaligen Verben

Man zählt einfach die Anzahl der Buchtaben eines Verbes: Sind es drei Buchstaben, dann ist das Verb dreiradikalig, sind es vier Buchstaben, dann ist das Verb vierradikalig ...u.s.w.

das Verb	Anzahl der Buchstaben	Genre des Verbes
شكا	3	dreiradikalig
التقى	5	fünfradikalig
رمى	3	dreiradikalig

2. Die Präsensform

Wir nehmen 3 verschiedene Verben, die auf ein (ا) und ein (ى) enden und wir vergleichen ihre Endungen im Präsens.

رثى	**شكا**	**اِلتقى**

das Verb			Personalpronomen
اِلتقى	**شكا**	**رثى**	
ألتقي	أشكو	أرثي	أنا
تلتقي	تشكو	ترثي	انتَ
يلتقي	يشكو	يرثي	هو
تلتقي	تشكو	ترثي	هي

نلتقي	نشكو	نرثي	نحن

Regeln bei Verben

Vergleicht man anhand der oberen Tabelle zwischen dem Wortstamm des Verbes und seiner Endung im Präsens, wird man feststellen, dass:

- wenn das dreiradikalige Verb im Präsens ein waw (و) enthält (wie z.B: يشكو), dann wird das Verb im Perfekt mit alif (ـا) am Ende geschrieben
- wenn das dreiradikalige Verb im Präsens auf ein (ي) endet, dann wird es im Perfekt mit (ى) geschrieben
- die vier- b.z.w. fünfradikaligen Verben werden immer im Perfekt mit (ى) am Ende geschrieben, außer, wenn ein (ي) davor steht, dann werden ansonsten auf (ـا) geschrieben wie bei:

يحيا oder اِستحيا

Also nicht ~~استحيى / يحيى~~ !

Übungen

Hier sind ein paar Verben im Präsens und Sie sollen diese Verben im Perfekt schreiben. Werden Sie diese mit (ى) oder mit (ا) schreiben, warum?

Grund	Schreibweise im Perfekt	Das Verb im Präsens
		يدعو
		يمشي
		يبدو
		يصطفي
		ينمو
		يجري
		ينتهي
		يطفو

Regeln: bei Nomen

Bei Nomen können wir nicht über die Konjugation reden, aber wir brauchen ein sogenanntes „ Dual"/ auf Arabisch المثنى um diese Regeln zu verstehen:

Nur kurz: Dual „المثنى" eines Nomes bildet man so: Nomen + an(ـان)

z.B.: **معلم / معلمان**

كاتب / كاتبان

	Singular/ المفرد	Dual/المثنى
3	الفتى	الفتيان
4	نجا	نجوان

Also:

- die dreiradikaligen Nomen werden im Singular mit (ى) geschrieben, wenn der letzte Buchstabe vor (ـان) im Dual ein (ي) ist und sie werden mit (ـا) geschrieben, wenn vor(ـان) ein (و) steht z.B. **نجوان**
- Bei allen Nomen, die mehr als 3 Buchstaben haben, werden im Singular mit einem (ى) geschrieben (z.B. فتوى) außer, wenn kein (ي) davor steht, ansonsten werden sie mit (ـا) geschrieben (z.B. **ليبيا**)

Übungen

Warum wurden ein paar von diesen folgenden Nomen mit einem (ى) und die anderen mit einem (ا) geschrieben?

Grund	Nomen

	مرمى
	مصطفـــى
	مربـى
	تركيا
	المانيا
	فوضى
	مأوى
	لبنى

Lekion VII

Studium

Sich beraten lassen

Lesen Sie den Dialog zwischen dem Berater „Helmut“ der Universität Bochum und Nawal aus Syrien:

Helmut

Nawal

صباح الخير، كيف أستطيع خدمتك؟

Guten Morgen, wie kann ich Ihnen helfen?

صباح الخير أنا أسمي نوال

Guten Morgen ich heiße Nawal.

لدي موعد للتوجيه مع حضرتك

بخصوص الدراسة للموسم الصيفي المقبل

Ich habe einen Beratungstermin mit Ihnen.

Über das Studium zum nächsten SS.

حسنا ، هل حصلت على شهادة الثانوية العامة؟

Ok! Haben Sie schon einen Reifeabschluss?

تقصد شهادة الباكالوريا؟

Meinen Sie Abitur?

نعم

Genau.

نعم حصلت عليها ودرست سنة واحدة في بلدي

Ja das habe ich und zudem habe ich in meiner Heimat ein Jahr studiert.

طيب، ومن أي بلد أنت؟

Gut, aus welchem Land kommen Sie?

أنا من فلسطين ولكني ترعرعت في سوريا

Ich komme aus Palastina, aber ich bin in Syrien aufgewachsen.

حسنا، ومذا تريدين ان تدرسين هنا يا نوال،اقصد اي تخصص؟

Schön und was möchten Sie studieren? Ich meine welche Fachrichtung?

أنا لدي رغبة في التعليم

Ich möchte gern auf Lehramt studieren.

آه تريدين ان تصبحين معلمة؟

Ah, ok. Sie möchten Lehrerin werden☺

إن شاء الله

Wenn Gott es will.

في هذه الحالة فالامر يتوقف على المعدل العام

In diesem Fall basiert alles auf Ihren Durchschnitt.

لانه نظرا لارتفاع الطلب على هذه الشعبة فان الانتقاء يعتمد على المعدل العام.

Die Nachfrage für Lehramt ist sehr hoch, daher gilt der Numerus clausus.

لكن أ ظن أن الأمر لا يثير أية مشكلة لأن معدلي ممتاز

Aber ich denke das stellt kein Problem dar, weil ich eine sehr gute Note habe.

جيد، ماهي المواد التي تريدين دراستها؟

Super! Und welche Fächer wollen Sie studieren?

الفرنسية والأنجليزية

Französisch und Englisch.

الفرنسية بدورها كمادة تخضع للانتقاء أو ما سيمى (NC)وكذلك نفس الشئء بالنسبة للأنجليزية

Für Französisch gilt auch der Numerus clausus, das gleiche gilt für Englisch.

آمل أن يقبلوا ترشحي.

Ich hoffe, ich werde zugelassen.

علاوة على هذه المواد توجد مادة ثالثة إسمها أي مادة التكوين

Außerdem ist gibt noch ein drittes Fach, das heißt „Bildungwissenschaft", das besteht aus Didaktik und Pädagogik.

التي تتكون من شق الديداكتك والبيداغوجية حيث

يتعلم الطالب طرق التدريس وحسن ادارة

Man sollte Lehrmethoden erwerben, wie man

الدرس ومشاكل التلاميذ ، كما يستحين

seinen Unterricht leisten kann und mit Probleme umgehen soll.

على الطالب أن يعمل دراسة لفصل او فصلين في الخارج

Der Student soll eingentlich auch ein Auslandsemester absolvieren.

لمذا؟

Warum?

لأن ذلك يُأخد بعين الإعتبار عند البحث عن الشغل بعد التخرج.

Ja, das ist ein zusätzliches Plus für ihn für den Arbeitsmarkt.

هذا كل شيء؟

مسألة اخرى تهم التعليم وهي أنه لا يكتفى فقط

Noch eine Sache für das Lehramtstudium: Bachlor alleine reicht

بمجرد الاجاز بل يتعين استكمال مسلك

Nicht, Sie müssen zudem den Master studieren und Praktikas absolvieren.

الدراسات العليا ماستر وبعد ذالك مباشرة التداريب في المدارس.

يبدو ان الامر ليس بالسهل.

Das scheint nicht einfach☺.

نعم كل بداية صعبة ولكن غير مستحيلة

Ja, aller Anfang ist schwer aber möglich.

وماهي الوثائق التي احتاجها للتسجيل؟

Welche Unterlagen benötige ich für die Einschreibung?

الوثائق هي:نسخة مصادق عليها من شهادة التمكن من اللغة الالمانية

Sie benötigen: eine beglaubigte Kopie des DSH oder DaF.

وشهادة الاقامة ونسخة مصاق عليها من الباكالوريا

und eine Kopie ihrer Aufenthaltserlaubnis, zudem eine beglaubigte Kopie ihres Abiturs.

كما يجب ايضا التسجيل عبر الانترنت اولا قبل

Sie müssen sich noch vorher online anmelden, ehe die Anmeldungs-frist beedet ist!

انتهاء اجل التسجيل

وماهي آجال التسجيل؟

Wie sind die Anmeldungsfristen?

بخصوص الدورة الشتوية التسجيل مفتوح الى

Die Frist für das WS ist bis zum 15 Juli und für das

حدود 15يوليوز اما بخصوص الدورة الصيفية 15يناير

SS bis 15 Januar.

هو آخر اجل للتسجيل.

شكرا جزيلا على هذه التوضيحات

Vielen Dank für diese Erläuterungen.

لا داعي للشكر،هذا واجب.

Nichts zu danken, das ist meine Arbeit.

إلى اللقاء.

Auf Wiedersehen.

Leseverstehen

Beatworten Sie die folgenden Fragen:

1- مَنْ هِيَ نوال؟

Wer ist Nawal?

2-ما أُسم الموجه؟

Wie heißt der Berater?

3-ماهو سبب تواجد نوال في مكتب الموجه؟

Aus welchen Grund ist Nawal beim Berater?

4- اين وُلِدت نوال؟

Wo wurde Nawal geboren?

5-مذا تريد نوال أن تدرسَ؟

Was möchte Nawal studieren?

6-ماهي الوثائق المطلوبة للتسجيل؟

Welche angeforderten Unterlagen benötigt man für eine Einschreibung?

7-لأي دورة دراسية تريد نوال التسجيل فيها؟

In welchen Semester möchte Nawal ihr Studium beginnen?

Diktat

Schreiben Sie in Ihre Hefte und lesen Sie vor:

الدراسة -الموسم الدراسي-الفصل الدراسي-أجل التسجيل-الانتقاء الاولي

-التعليم-التدريب-التكوين-شهادة الباكالوريا- رخصة الاقامة-التوجيه

Grammatik

❖ Sorten von Alhamza I

An dieser Stelle müssen wir die Sorten von **Hamza "ء "** beleuchten und wann man **Hamza "ء "** auf dem „ا" oder auf dem "ئ" auf dem „ؤ"...etc. schreibt.

- Definition:
  Man nennt diesen kleinen Buchstaben „ء" Alhamza,

das ist der schwerste Grammatikteil. Alhamza wird sogar von den arabischen Muttersprachlern oft falsch geschrieben!

Also, wann schreibt man das Hamza auf dem alif "أ" und auf dem yah "e „ئـ /ئ" und auf dem waw "ؤ", aber auch auf der Linie "ء"?

- Wir müssen wissen, ob das Hamza am Anfag, in derMitte oder am Ende des Wortes stehen soll. Aus pädagogischen Gründen sehen wir „das Hamza am Anfang des Wortes" in weiteren Kapiteln.

1-Hamza am Ende des Wortes:

Betrachten Sie folgende Wörter und schauen Sie, wo und auf was das Hamza in jedem Wort geschrieben wurde! Und welcher Vokal davor steht?

Vokal vor dem Hamza ist ein	Hamza wurde auf...geschrieben	Das Wort
فتحة	Auf dem alif:أ	يَتَهَيَّأ
ضمة	Auf dem wāw:ؤ	تَبَاطُؤ
كسرة	Auf dem Jāe:ئ	يَبْتَدِئ
سكون	Auf der Linie: ء	رَجَاء

- Also Alhamza am Ende des Worts wurde auf dem:
  - Alif geschrieben, wenn ein **Fatha**(َ) vor dem **Alif** steht
  - auf dem **Jāe** (ي) geschrieben, wenn ein **Kasra** vor dem **Jāe** steht.
  - auf dem **wāw**, wenn ein **Damma(ُ)** vor dem waw (و) steht
  - auf der **Linie** (ء), wenn ein **Sukun(ْ)** davor steht

Übung

Manche der folgenden Wörter sind falsch geschrieben. Korrigieren Sie diese und nennen Sie die Gründe dafür:
(Die Bedeutung der Wörter ist nicht wichtig.)

مُبْتَدِئٌ	هُدوءٌ
ملجَؤ	دُعَاؤٌ
شاطِئٌ	مُبْتَدِؤٌ
لُؤلُؤٌ	بَدْأ

2-Hamza in der Mitte des Wortes:

Alhamza in der Mitte des Wortes kann auf „ا“ auf “ي“ oder auf „و“ geschrieben werden.

Beachten Sie folgende Wörter! Worauf wurde Alhamza geschrieben? Welcher Vokal steht auf dem Hamza? Welcher Vokal steht davor (vor dem Hamza)?

Tabelle1:

Vokal davor	Vokal auf der Hamza	Hamza wurde auf...geschriebe	das Wort
فتحة	فتحة	ا	بَدَأ تْ
سكون	فتحة	ا	فَجْأةً
فتحة	سكون	ا	بِرَأسِي
ضمة	فتحة	و	فُؤادٌ
فتحة	ضمة	و	الرّؤوفُ
ضمة	سكون	و	يُؤْنِسُ
الف ساكن	ضمة	و	التّفاؤُلُ

Tabelle2:

Vokal davor	Vokal auf dem Hamza	Hamza wurde auf...geschrieben	Das Wort
كسرة	فتحة	ي	هَادِئَةٌ
ياء ساكنة	فتحة	ي	

			بـيــئَــة
الف ساكنة	كسرة	ي	أَصْدِقائِهِ

- Also als Regel: man schreibt Alhamza in der Mitte des Wortes auf dem alif so „أ“, wenn:
  - auf dem Hamza ein “Fatha“ steht **und** davor noch ein Fatha oder ein Sukun steht! (بَدَأت/ فجْأةً)
  - auf dem Hamza ein „Sukun“ steht **und** davor noch ein Fatha steht (بِرَأسِي)
- Alhamza muss auf dem Waw so “ؤ“ geschrieben werden, wenn:
  - auf dem Hamza ein Damma steht und davor ein Fatha oder ein Sukun steht (الرّؤوف / التّفاؤُلُ)
  - auf dem Hamza ein Fatha oder ein Sukun steht und davor ein Damma

    (يُؤْنِسُ / فُؤَادٌ)
- Alhamza muss so auf dem **Jāe** geschrieben werden „ئ/ئـ“ wenn :
  - unter dem Hamza ein Kassra steht (عائلة / مَـائِدة.)
  - auf dem Hamza, ein Fatha steht und davor ein Kassra oder ein Sukun steht (بَيْئَةٌ / هادِئَةٌ)

Übung

Füllen Sie mit einem passenden Hamza die Lücken in den folgenden Wörtern aus!

مَسْ...ولٌ	نِدَا...	بِ...رُ
مَسْـ...ل	سُ...لَ	ذِ....بٌ
لُـ...لُـ...	فُ...وسٌ	يَــ...سُ
تَـشَـا...مُ	رَ....سٌ	أبْنَـــا...
رُ...يا	رَ...يسٌ	لَ..يــمُ

Lekion VIII

Arbeit und Beruf

In Bahrain

Julia hat Soziale Arbeit an der Uni Essen studiert und soll sechs Monate im Bahrain beim Jugendamt gearbeitet. Lesen Sie den Dialogteil zwischen Julia und Amina:

Julia

Amina

مرحبا انا إسمي يوليا
Hallo! Mein Name ist Julia.

أهلا وسهلا يوليا. انا اِ سمي أمينة. هل انت الموظفة القادمة من المانيا؟
Herzlich willkommen Julia, ich bin Amina, bist du die Beamtin aus Deutschland?

نعم انا هي
Ganz genau.

تشرفت يوليا بمعرفتك ومسرورة جدا للعمل معك
Schön dich kennen zu lernen und ich freue mich mit dir zu arbeiten.

شكرا لك
Danke sehr.

أين تعلمت اللغة العربية؟

Wo hast du Arabisch gelernt?

تعلمت العربية في الجامعة حينما كنت طالبة

Ich habe an der Uni Arabisch gelernt, als ich Studentin war.

تتكلمين العربية جيدا.مدهش

Wahnsinn, du sprichst sehr gut Arabisch!

شكرا

Danke.

متى وصلت إلى البحرين

Seit wann bist du in Bahrain?

منذ يومين

Seit 2 Tage.

و هل وجدت محلا للسكن

Und hast du eine Wohnung?

نعم لقد توصلت بالسكن من لدن الادارة

Ja ich habe sie durch die Verwaltung bekommen.

ممتاز و أين بالضبط

Sehr gut und wo?

آم آم العنوان هو الشقة 12 بشارع الامم المتحدة

Ähm! Die Adresse...heißt: Appartement 12 in der Union Nation Straße.

آه إنه موقع ممتاز

Ah sehr gut,das ist ein super Platz.

دعيني أعرفك على زميلاتي: هذه اسمها يسرى مكلفة بالتخطيط وهذه اسمها زينب مكلفة بجناح اللوجيستيك

Lass mich dich erst meinen Kolleginnen vorstellen: diese heißt Yusra, sie ist für die Plannung verantwortlich und hier ist Zeinab, sie ist für Logistik verantwortlich.

تشرفت بمعرفتكن، انا إسمي يوليا

Schön euch kennen zu lernen.

دعيني أشرح لك بعض الأمور المهنية

Lass mich dir jetzt eine berufliche Sachen erläutern.

تفضلي

Ja bitte.

بخصوص مواعيد العمل فنحن هنا نبدا مع الساعة التاسعة الى العاشرة ثم لدينا مدة ساعة للراحة وبعدها من الواحدة الى الخامسة

Wegen der Arbeitszeiten; wir beginnen um 9 Uhr bis 12Uhr, dann ist Pause für 1 Std., danach arbeiten wir wieder von 13 Uhr bis 17Uhr.

هل توجد هنا مطاعم بالقرب من الادارة

Gibt es hier in der Nähe ein Restaurant.

نعم في الطابق العشرون يوجد الكثير من المطاعم الدولية

Ja, in der 20. Etage gibt es viele internationale Restaurants.

ويمكنك أيضا أن تطلبي ما تريدين في المكتب

Du kannst auch im Büro bestellen, was du wünschst.

رائع جدا

Waw das ist super!

Leseverstehen

Beantworten Sie die folgenden Fragen:

1- ما أ سم الموظفة التي حلت بدولة البحرين؟

Wie heißt die neue Mitarbeiterin?

2- ما أسم زميلات يوليا؟

Wie heißen die Kolleginnen von Julia?

3- ما هو ألعنوان الذي ستسكن فيه يوليا؟

Wie lautet die Adresse von Julia?

4-هل تتكلم يوليا اللّغة العربية جيدا؟

Spricht Julia gut Arabisch?

5-أين تعلمت اللغة العربية؟

Wo hat sie Arabisch gelernt?

Grammatik

- Das Demonstrativpronomen:

„ Demonstrativ“ stammt von dem Verb “demonstrieren“ und d.h. „bezeichnen“.
Wie in der deutschen Sprache, gibt es auch auf Arabisch die entsprechenden Wörter für dieser, diese, jener und jene.

dieser	هَذا
diese	هَذه
jene	ذلك
jener	تِلك

Achtung!
Es gibt leider enorm viele Bücher, in denen der Artikel “dieser“ “**هذا**“ falsch geschrieben wurde! Man schreibt „dieser“ auf Arabisch so “هذا“ und nicht so“هاذا“. Beim Aussprechen benutzt man ein langes „h“, obwohl kein Alif dazwischen steht (zwischen „**هـ**“ und „ا“). Deswegen steht manchmal ein
Madda “**~**“dazwischen.
قال تعالى في صورة ص الآية 23 (إن هذا أخي له تسعة وتسعون نعجة ولي نعجة واحدة....)

❖ Al-Hamza am Anfang des Wortes:

Alhamza am Anfang des Wortes ist immer auf dem Alif.
Es scheint ganz einfach, aber in der Realität schreiben sogar die Araber das Hamza oft falsch!
Es gibt solche Fälle, wo man nur ein Alif mit Vokal schreibt wie bei „Trink!“ “**اِشربْ**“ und solche Fälle, wo man das Alif schreibt, plus das Hamza “ء“ wie bei „ **أمْرُ** “.

Im ersten Fall spricht man über das sogenannte "Verbindungshamza/همزة الوصل" und im anderen Fall spricht man über das „Trennungshamza"همزة القطع".

- **das Verbindungshamza (ا)**

Das Verbindungshamza oder auf arabisch "همزة الوصل" ist ein Hamza, das man am Satzanfang auspricht. Steht es in der Mitte eines Satzes wird es nicht ausgesprochen
Z.B man schreibt für das Verb „benutzen"اِسْتعْمل " und nicht "إسْتَعمل"
Wenn z.B. das Wort اِسْتَعْمَل" in der Mitte eines Satzes steht, (d.h. das Wort, das ein Hamza enthält),wird das Hamza nicht ausgesprochen.
z.B. „تفضل بالجلوس **وستعمل** رقمك السري للدخول."
Wann wird dieses Hamza geschrieben?

Beachten Sie die folgende Tabellen:

- Verben

Verb im Imperativ	Genre des Verbs	das Verb im Perfekt
اِعلم	dreiradikalige	عَلِمَ/wissen
اِشرب	dreiradikalige	شَرِب/trinken
اِحمل	dreiradikalige	حَمَلَ/tragen

أُكْتُبْ	dreiradikalige	كَتَبَ/schreiben

Verb im Imperativ	Genre des Verbs	Das Verb im Perfekt
اِنْطلق	fünfradikalige	اِنْطلق / abfahren
اِسْتعمل	fünfradikalige	اِسْتعمل / benutzen
Infinitiv		
اِنطلاق	fünfradikalige	اِنْطلق /abfahren
اِستعمال	fünfradikalige	اِسْتعمل / benutzen

- Nomen

اِثْنتان	اِثْنان	اِبن	اِسمُ
اَل	اُمروٌ	اِمرأة	اِبنة

- **Regel:**

  Man schreibt „همزة الوصل“ beim:

  - ✓ Imperativ von dreiradikaligen Verben
  - ✓ Perfekt, Imperativ und Infinitivform von fünf-und sechsradikaligen Verben
  - ✓ bei obengenannten Nomen

  - **das Trennungshamza**

    Das Trennungshamza oder auf arabisch "همزة القطع" ist das Gegenteil vom Verbindungshamza, d.h. dieses Hamza wird immer ausgesprochen, egal, ob das Wort isoliert oder in einem Satz verbindet wird.

Dieses Hamza schreibt man so "أ"
Wann wird es geschrieben?
Beachten Sie folgende Tabelle:

- Verben

Verb im Imperativ	Genre des Verbs	das Verb im Perfekt
أنشِئْ	vierradikaliges	أنشأ/begründen
أ قِمْ	vierradikaliges	أقام/aufbauen
Infinitiv		
إنشاء	fünfradikaliges	أنشأ / begründen
إقامة	fünfradikaliges	أقام / aufbauen
أمْرٌ	dreir.hamzierte[1]	أمر / befehlen
أكْلٌ	dreir.hamzierte	أكل / essen

Genre des Verbs	das Verb im Präsens
fünfradikaleges	أستعمل / benutzen
dreiradikaliges	أزن / wiegen
fünfradikaliges	أستحم / duschen

- **Regel:**

Man schreibt „همزة القطع" bei:

- ✓ Perfekt, Infinitiv und Imperativ der vierradikaligen Verben

- ✓ Perfekt und Infinitiv der hamzierten dreiradikaligen Verben[1]
- ✓ bei allen Partikeln außer „ال“z.b:**...أنّ / إنّ / أم / أو / إلى**
- ✓ bei allen Nomen, außer den genannten Nomen, bei denen das Verbindungshamza geschrieben wird.

Es gibt noch ein anderes Hamza als **Fragepartikel** “ همزة الاستفهام“. Man darf nicht zwischen ihm und dem obengenannten Hamza vermischen! Z.B. „أتشرب...؟“. Das heißt „Trinkst du?“. Das hat nichts mit dem Verb “شرب“ zu tun!

Lektion IX — *Einkaufen*

[1] dreiradikalige hamzierte Verben: die dreiradikaligen hamzierten Verben sind die Verben, bei denen ein Buchstabe das Hamza enthält. Das sehen wir in weiteren Kapi teln.

Beim Fleischer

Lesen Sie den Dialog zwischen Isam und dem Fleischer und beatworten Sie die nachstehenden Fragen!

Isam

Fleischer

صباح الخير أيها الجزارالطيب
Guten Morgen, der nette Fleischer!

صباح الخير عصام
Guten Morgen Isam!

أمي ارسلتني اليك وتحتاج اللحم لتحضر لنا الكسكس
Meine Mutter braucht Fleisch zum kochen für Couscous.

آه الكسكس وجبة لذييذة، وأي لحم تريد؟
Oh! Couscous ist eine leckere Speise. Und welches Fleisch braucht Sie?

هي قالت لي انها تحتاج الى كيلوغرام من لحم الغنم
Sie hat mir gesagt, sie braucht 1kg Lammfleisch.

حسنا.تفضل، هذا كل شيء

Ok.Hier ist das Fleisch, bitte schön. Ist das alles?

لا تريد ايضا دجاجتين.

Nein, sie braucht noch 2 ganze Hähnchen.

كل هذا لأجل الكسكس؟

Ist das alles für Couscous?

لا ، لا الدجاجتين للغد لانه سوف يحل عندا الضيوف

Nein, nein! Die Hühner sind für Morgen, wir bekommen Besuch.

أمزح معك .تفضل

Ich mache Spaß mit dir☺

كم الثمن أيها الجزار

Wie viel insgesamt?

المجموع هو 120 درهما

Die Summe ist 120 Dirhams.

أعطتني 200 درهم.تفضل

Sie hat mir 200 Dirhams gegeben. Bitte schön!

هنا الباقي 80 درهما.

Dann sind hier 80 Dirhams als Rest.

شكرا لك عمي الجزار

Danke mein Onkel!

وداعا

Tschüss

Gemüsehändler

Lesen Sie den Dialog zwischen Isam und dem Gemüsehändler und beantworten Sie die nachstehenden Fragen!

Isam

Gemüsehändler

مَرْحبًا
Hallo!

مرحبا
Hallo!

أحتاج الى كيلوغراما من البطاطس
و نصف كيلوغرام من الليمون
Ich brauche 2 kg Kartoffeln und ½ kg Zitronen.

هذا كل شيء؟
Ist das alles?

احتاج الى كيلوغرامين من البصل
Ich brauche noch 2kg Zwiebeln.

أحمر أم الأبيض
Rote oder weiße?

الأحمر
Rote!

تفضل

Bitte schön.

آه نسيت احتاج أيضا الى نصف
كيلوغرام من الفصاصوليا

Ah, ich habe vergessen! Ich brauche noch ½ kg Bohnen.

الجزر بدرهمين فقط للكيلو.هل تحتاجه؟

Möhren sind auch nur für 2 Dirhams zu haben, möchtes du etwas?

نعم سآخذ ثلاث كيلوغرامات

Ja, ich nehme 3 kg.

أهذا كل شيء؟

Ist das alles?

نعم

Ja.

المجموع إذن هو 15 درهما

Das kostet insgesamt 15 Dirhams.

تفضلي

Bitte schön.

شكرا إلى اللقاء.

Danke. Auf Wiedersehen.

Leseverstehen

1- مذا يريد عصام من الجزار؟

Was möchte Isam beim Gemüsehändler?

2-لأجل مذا إحتاج عصام لحم الغنم؟

Wofür braucht Isam Lammfleisch?

3- لمذا طلبت الأم من عصام شراء دجاجين؟

Warum möchte Isams Mutter zwei Hähnchen?

4- ماهو الثمن الذي يجب عى عصام دفعه للجزار؟
Wieviel muss Isam beim Fleischer bezahlen?
5- ماهي الخضر التي إشترى منها عصام فقط نصف كيلوغرامٍ؟
Von welchen Gemüsesorten hat Isam nur ½ kg gekauft?
6- ماهو الثمن الذي دفعه للجزار؟

Welchen Preis hat Isam beim Gemüsehändler bezahlt?

Grammatik

❖ Struktur der Verben:

Um einen guten Einstieg in die arabische Grammatik zu haben und um die Sprache gut beherrschen zu können, sollte man grundsätzlich die Verbesorten kennen.
In der arabischen Sprache findet man folgende Sorten:

▪ Die regelmäßigen Verben

Das regelmäßige Verb (auf Arabisch“**الفعل السالم**“) ist das Verb, dessen radikale Buchstaben weder eine Verdopplung, noch ein Hamza und einen **schwachen Buchstaben[2]“**حروف العلة“ enthalten.
z.B.

ذهب	فرح	كتب	شكر	سمع

[2] - schwache Buchstaben[1]“حروف العلة“ sind:(ا / ي / و)

Die folgenden Verben sind ungesunde Verben:

ungesunde Verben	Grund
شمّ	Verdopplung "مّ"
دقّ	Verduplung
جرى	schwacher Buchstabe"ى"
سأل	Schwacher Buchstabe"ا"

- Die geminierten Verben

Das geminierte Verb „**الفعل المضعف**" ist das Verb, dessen zweite und dritte Radikal gleich sind
z.B.

كدّ	شكّ	صبّ	هبّ	مرّ

- Diese Verdopplung wird bei den Pronomen "ich" und "wir" und „sie/weiblich" gelöst:

Das Verb	Konjugation

شمّ	Ich أ نا	شمَمْت
	Wir نحن	شمَمنا
	Sie(W) هن	شمَمن
صبّ	ich أ نا	صببْت
	wir نحنّ	صبَبْنا
	Sie(w) هنّ	صَبَبن

- **Die gesunden Verben:**

Das gesunde Verb"**الفعل الصحيح**" ist ein Verb, dessen Radikale keine schwachen Buchstaben (S. 96) enthalten.

- **Die hamzierten Verben**

Das hamzierte Verb "**الفعل المهموز**" ist das Verb, das ein Hamza als Buchstabe enthält. z.B.:

أمر	قرأ	أخذ	بدأ	سأل

- **Die assimilierten Verben**

Das assimilierte Verb "**الفعل المثال**" ist das Verb, das am Anfang einen schwachen Buchstaben (sieh S.96) enthält. z.B.:

وصل	وضع	وعد	وقف	وهب

- Die hohlen Verben

Das hohle Verb „**الفعل الأجوف**" ist das Verb, das in seiner Mitte (das zweite Radikal) einen schwachen Buchstaben enthält. (S.96)

z.B.

صاح	قال	سار	نام	باع

- Die defektiven Verben

Das defektive Verb "**الفعل الناقص**", ist das Verb, das an seinem Ende (das dritte Radikal) einen schwachen Buchstaben enthält (S.109)

z.B.

قضى	سقى	رمى	دعا	سعى

- Die unregelmäßige Verben

Das unregelmäßige Verb ist das Verb, das einen oder zwei schwache Buchstaben enthält.

- Die doppelt schwachen Verben

Das Doppelt schwache Verb "**الفعل اللفيف**" ist ein Verb, das einen normalen Buchstaben enthält und noch zwei schwache Buchstaben:
Wenn am Anfang und am Ende des Verbs ein schwacher Buchstabe steht, dann heißt das Verb "لفيف مفروق" (z.B وعى)
Und wenn in der Mitte und am Ende des Verbs ein schwacher Buchstabe steht, dann nennt man das "لفيف مقرون" (z.B طوى)

- **Die Verben der Grundform**

Das Verb der Grundform "**الفعل المجرد**" ist das Verb, bei dem alle Buchstaben zur Grundform gehören.
Das Verb kann ein dreiradikaliges,vierradikaliges...sein

خسِر	ظفر	نجح
برمج		

- **Die erweiterten Verben**

Das erweiterte Verb "**الفعل المزيد**" ist das Verb, dessen Buchstaben nicht zur Grundform gehören.
Das Verb kann durch einen oder durch zwei Buchstaben erweitert werden.

اِستسلم	اِنصرف	أخلص

- **intransitive Verben**

Das intransitive Verb “**الفعل اللازم**“ ist das Verb, das nur das Subjekt benötigt und kein Akkusativobjekt z.B.

تعصف الرياح	تغير الطقس	يقيل الناس

- transitive Verben

Das transitive Verb “**الفعل المتعدي**“ ist das Verb, das nicht nur das Subjekt “الفاعل“ benötigt, sondern auch ein Akkusativobjekt “المفعول به “ oder mehrere z.B.:

يفتح النجار الدكان
يزرع الفلاح الأرض
يكتب كريم الدرس
منح المعلمُ التلميذَ جائزةً

- Aktive und passive Verben:

Das aktive Verb, ist das Verb, dessen Uhrheber/Täter bekannt und erwähnt ist.

زرع الفلاح الأرض

Das passive Verb, ist ein Verb, dessen Täter nicht bekannt ist.

زُرعت الأرض

- Das Wichtigste in Kürze:

- Das Verb kann entweder reglmäßig , unreglmäßig, Grundform, erweiterte Form, transitiv, intransitiv, aktiv oder passiv sein
- regelmäßige Verben umfassen: hamzierte, geminierte und gesunde Verben
- unreglmäßige Verben umfassen: assimilliete, hohle, defektive und doppelt schwache Verben

Lektion X

Reisen

Lesen den Text zwischen Ilyas, Mitarbeiter im Reisebüro, und dem Kunden Omar:

Omar

Ilvas

السلام عليكم

Frieden sei mit Ihnen.

وعليكم السلام

Frieden sei mit Ihnen.

أريد حجز تذاكر طائرة نحو كندا عبر تركيا

Ich möchte Tickets nach Kanada über die Türkei reservieren.

تفضل أولا بالجلوس

Setzen Sie sich bitte.

شكرا

Danke.

هل تريد القهوة أو الشاي؟

Möchten Sie Kaffee oder Tee?

لا شكرا أرغب فقط في كوب من الماء

Nein Danke, nur ein Glas Wasser.

تفضل...دعني أتعرف عليك أولا،ما أسم حضرتك؟

Bitte schön...sagen Sie mir zuerst Ihren Namen.

أنا اسمي عمر

Ich heiße Omar.

أين تسكن يا عمر؟

Und wo wohnen Sie Herr Omar?

هنا في مدينة مراكش في شارع عمر ابن الخطاب

Hier in Marrakesch in der Omar Ibn Alkhatab Straße.

طيب، هل تريد السفر لوحدك؟

Gut! Und wollen Sie allein reisen oder?

لا نحن خمسة أشخاص، نُدَرّسُ معا في نفس المؤسسة

Nein! Wir sind 5 Personen, wir unterrichten zusammen in derselben Schule.

آه، إذن سفر جماعي

Ah ok, dann ist das eine Reisegruppe.

نعم

Ja.

تريدون أن تحطوا في تركيا ثم
بعد ذلك تتجهون الى كندا؟

Und wollen Sie erst in die Türkei, danach nach Kanada?

بالضبط

Genau.

متى تريدون أن تسافروا؟

Wann möchten Sie reisen?

يوم 15 يوليوز

Am 15. Juli.

هل سبق أن حجزتم الفندق في تركيا؟

Haben Sie schon ein Hotel in der Türkei?

نعم نحتاج فقط الى التذاكر

Ja, wir brauchen nur die Tickets.

تريدون السفر في الدرجة الاولى ام الثانية؟

Möchten Sie mit erster oder zweiter Klasse reisen?

فقط الدرجة الثانية

Nur mit zweiter.

مباشرة من مراكش إلى تركيا أم بتغيير الطائرة؟

Direkt oder mit einmal umschteigen?

كم تكلف الرحلة مباشرة؟

Wie viel kostet der direkte Flug?

الرحلة مباشرة ذهابا وايابا تكلف 800
أوروا اي 8000 درهم مغربية تقريبا

Hin und zurück kostet 800 Euro, d.h. 8000 Dirham ungefähr.

ومع أي شركة طيران؟

Und mit welcher Airline?

الشركة الألمانية لوفتانزا

Die deutsche Firma Lufthansa.

والرحلة عبر التغيير كم تكلف؟

Und wieviel kostet die andere Reise mit umsteigen?

الرحلة مع التغيير إما في باريس
أو مدريد تكلف 362 أرور ذهابا وإيابا

Umsteigen in Paris oder Madrid kostet hin und zurück 362 Euro.

حسنا أحجز لنا التذاكر للرحلة مباشرة

Gut, dann reservieren Sie für mich bitte den Direktflug.

حسنا أحتاج إلى جواز سفرك

Ok, ich brauche dann Ihren Reispass.

تفضل

تريد أن تؤدي 70 درهما إضافية للتامين أم لا؟

Möchten Sie 70 Dirham als Versicherung bezahlen oder ohne?

لمذا؟

Warum?

لانه إذا غيرت موقفك والغيت الرحلة بعد الحجز فالشركة لا ترجع لك ثمن التذكرة هذا اذا لم يكن عندك تامين

Weil, wenn Sie die Versicherung nicht bezahlen und ihre Reise abrechen wollen, dann bekommen Sie kein Geld zurück.

فهمت،لا باس لا أحتاج الى تامين.

Ich habe verstanden! Ja ok, ich brauche keine Versicherung.

Lesevertstehen

Beantworten Sie folgende Fragen:

1-ما أسم الزبون؟

Wie heißt der Kunde?

2-ماهي وجهة عمر؟

Was ist die Destination von Omar?

3-هل يريد السفر لوحده؟

Möchte er alleine reisen?

4-كم تكلف الرحلة مباشرة دون تغيير الطائرة؟

Wieviel kostet das Ticket für den Direktflug?

5- هل مبلغ التأمين إجباري؟

Ist die Versicherung Pflicht?

6- ماهي أهمية التأمين؟

Was ist die Wichtigkeit der Versicherung?

7-هل وافق عمر على دفع قسط التأمين؟

Ist Omar einverstanden den Versicherungsbeitrag zu bezahlen?

8- أين يسكن عمر؟ ومتى يريد هو وأصدقائه السفر؟

Wo wohnt Omar? Und wann möchte er mit seinen Freunden verreisen?

Grammatik

❖ Die Tempora des Verbes:

Das Verb wird entweder im Perfekt (Vergangenheit), Präsens (Gegenwart), im Futur (Zukunft) oder im Imperativ (Befehlsform) konjungiert.
Im Gegensatz zur deutschen Sprache gibt es in der arabischen Sprache drei Sorten von Päsens:

- **Indikativ: المضارع المرفوع**
  Das Verb endet immer mit einem Damma " ُ " wie bei „er studiert" يَدرُ سُ
- **Konjunktiv: المضارع المنصوب**
  In diesem Fall trägt das Verb am Ende ein Fatha " - " wie bei „er wird nicht studieren" لن يدرسَ
- **Jussiv: المضارع المجزوم**
  Das Verb enthält ein Sukun " ° " am Ende, wie bei „er hat nicht studiert" لَمْ يَدْرُسْ

❖ Verneinung / Negation

- Für das Perfekt benutzt man das Partikel (Maa) مَا [3]“, um etwas zu verneinen (nein sagen):

  z.B.: Er hat nicht verstanden = مَا فَهِمَ

- für das Präsens “المضارع “ benutzt man das Partikel „لَمْ“
  z.B. لم أكتب الدرس

> Als Verneinung im Präsens verwendet man auch “ألا“
> z.B.: verstehts du das nicht? = ألا تفْهمُ ذلك؟

- Für die Verneinung im Futur verwendet man „لن“
  z.B.: Er wird nicht spielen = لن يلعب

Es gibt auch viele Partikel, die man zur Verneinung beutzt:

أما	لا	ألا	غيْرُ
ما	لما	ليست	ليس

Beispiele/ أمثلة

Er ist **nicht** faul. هو **غيرُ** كسولٍ
Sie hat sich entschieden, **dass** sie **nicht** kommen.

[3] “مَا“ hat aber verschiedene Bedeutungen (wie, was, solange, das, nicht) man versteht sie vom Kontext.

قررتْ **ألاّ** تأتي

Nein, ich möchte **nicht**. **لا**، لا أريد

Ist er heute auch **nicht** gekommen?

أما أتى اليوم أيضا؟

Das Wetter ist heute **nicht** schlecht.

الجو اليوم **ليس** سيئا

Sie ist **nicht** Mariam...:

هي **ليست** مريم

Warum hast du mir das **nicht** gesagt?

لمَا لم تقل لي ذلك؟

Maa“**ما**“ hat verschiedene Bedeutungen; man sollte vom Inhalt des Textes die genaue Bedeutung verstehen:

- ✓ Bedeutung vom Interrogativpronomen „**was / wie**... z.B. Was ist dein Name? = ؟ **ما** أ سْمُكِ ؟ oder ما (هو) أسْمُكَ ؟ **Was** ist hier los? = **مذا** يجري هنا؟
- ✓ Bedeutung von“irgendein“ z.B. Es gibt **irgendeine** Person hinter ......=...يوجد شخصٌ ما وراءَ
- ✓ Bedeutung von einer Konjunktion „**so lange**“ z.B. solange du jung bist, sollst du die Zeit nutzen يتعين عليك : استغلال الوقت **ما** دمت شابا....
- ✓ Bedeutung vom Relativpronomen „was“ z.B. „Das ist das, **was** genau geschah = هذا **ما** وقع بالضبط
- ✓ Bedeutung vom Verneinungspartikel„nicht“ z.B. = ما نجحَ

❖ Nomen mit „**ا ل**“ am Anfangswort

Man verwendet oft viele Nomen mit der Determination, die ein “**ا ل**“ am Anfagswort haben z.B.

القطار	القلم	البرتقال
اللبن	الليمون	الليل

- Wenn die Wörter isoliert sind, stellt das gar kein Problem dar. Aber wenn diese Wörter mit eine Proposition“لِـ **/für**“verbunden werden, dann gilt Folgendens:
- Wenn ein Wort, das determinert ist und ein Lām“ل“ am Anfang enthält, mit der Präposition “لِـ **/für**“ beginnt, wurde die Determination“ال“ weggelassen. z.B.

Wort+für	**Wort+ Determination(ال)**	**Unbestimmtes Wort**
لِلّيلِ	اللّيل	لَيلٌ
لِلّبنِ	اللّبن	لبنٌ
لليمونِ	اللّيمون	ليمونٌ
للّهجةِ	اللّهجة	لَهجة

Lektion XI

Im Dorf

Lesen Sie den Dialog zwischen Said und Younus!

Said

Younus

مرحبًا يا سعيد

Hallo Said!

مرحبا يونس،كيف حالك؟

Hallo Younus, wie geht's dir?

بخير شكرا

Gut danke.

إلى أين أنت مسرع هكذا؟

Wohin läufst du so schnell?

أريد أن أذهب إلى المنزل لأن عمتي قد جاءت لزيارتنا

Ich möchte nach Hause, weil meine Tante zu Besuch gekommen ist.

أين تسكن عمتك؟

Wo wohnt deine Tante?

عمتي تسكن في الريف ولديها مزرعة كبيرة

Meine Tante wohnt auf dem Dorf und sie hat einen großen Bauernhof.

هل تريد الذهاب معها لقضاء عطلة الصيف في الريف؟

Möchtest du bei ihr auf dem Dort den Urlaub verbrignen?

نعم إذا سمحت لي أمي بذلك، أحب الحياة هناك

Ja, wenn es mir meine Mutter erlaubt.

لمذا تريد الذهاب معها؟

Warum möchtest du mit ihr gehen?

الجو هناك جميل وتوجد الكثير من المراعي والعشب والجيوانات وجداول صافية وأطفال القرية طيبون

Das wetter dort ist schön und es gibt viele Grüneflächen, frische Wiesen und Tiere, saubere Flüsse und die Kinder sind dort ganz nett.

كم يبعد الريف عنا؟

Wie weit ist das Dorf von hier entfernt?

حوالي ساعتين بالحافلة

Ca. 2std mit dem Bus.

هل تسمح لي عمتك بأُصطحابي؟

Darf ich mit dir mitkommen?

سوف أسألها

Ich werde sie fragen.

حسنا نلتقي بعذ الغداء وأخبرني بالامر

Ok dann treffen wir uns nach dem Mitagessen und sag mir Bescheid.

Leseverstehen

Beantworten Sie folgende Fragen!

1-لمذا كان سعيد مسرعا؟

Warum lief Said so schnell?

2-الى أين كان سعيد مسرعا؟

Wohin ging Said schnell?

3-أين يريد سعيد أن يقضي عطلة الصيف؟

Wo will Said seine Sommerferien verbringen?

4-ما سبب حبّ سعيد لقضاء العطلة في الريف؟

Aus welchem Grund möchte Said seine Sommerferien auf dem Dorf verbringen?

5-كم يبعد الريف عن مسكن سعيد

Wie weit ist das Dorf von Saids Wohnung entfernt?

6-مذا طلب يونس من سعيد؟

Worum hat Younus Said gebeten?

Grammatik

❖ die Präpositionen:

Wie in der deutschen Sprache, gibt es auch auf Arabisch viele Präpositionen:

Präposition auf Arabisch	Präposition auf Deutsch
في	in / zu
على	auf
مِنْ	von / aus
منَ	
مع[4]	mit
حتّى	bis (zu)
إلى	zu, nach
عند	bei

[4] „مع“ kann eine Zeitbedeutung haben z.B.: „إستيقظت مع طلوع الشمس“ hier ist gemeint: „Als die Sonne aufgegangen ist, bin ich aufgestanden.“

حسَب	laut / gemäß

أثناء	während
رغم[5]	trotz
أثناء	während
قبل	vor
بعد	nach
إبان	während
دون	ohne
تجاه	gegenüber
بسبب	wegen
تحت	unter
بـ	auf/bei/mit
أمام	vor
خلف	hinter
بين	zwischen
فوق	über/auf
جانب	neben

لـ	für
بواسطة	durch

- Die Bedeutung einer Präposition soll man vom Inhalt verstehen, da eine Präposition verschiedene Bedeutungen haben kann. z.B.:

Präp.	Beispiel	Bedeutung der Präp.
بـ	أتكلم بالعربية	Auf

[5] Es gibt auch ähnliches „على الرغم" und das heißt auf deutsch "obwohl"+ einen Nebensatz.

بـ	تشتغل بالكهرباء	Mit
بـ	بالجد يكون النجاح	Durch
مع	أسكن مع أبي	Mit
مع	وصل مع الثامنة ليلا	Um
عند	سوف اكون عندك...	Bei
عند[6]	سأتصل بك عند نهاية الحصة	Wenn

❖ Fragewörter

Auf Arabisch ist es leicht zu wissen, ob es um eine Frage geht oder nicht. Wenn eines der folgenden Fragewörter

am Anfang des Satzes steht[7], dann handelt es sich um eine Frage.

Bedeutung	Fragewort
***	هلْ...
	أ....
wer	مَنْ

[6] Nicht mischen mit "...عندما" = wenn, hier liegt eine Konditionalbedeutung vor

[7] natürlich nicht immer! Man kann auch eine Frage stellen, ohne diese Fragewörter zu benutzen, z.B.: "تريد الذهاب ؟" = "هل تريد الذهاب؟"

wem	لمنْ
welcher	أي
wo	أين
welche	أية
warum	لمذا
wieviel? / wie[8]	كم
wie	كيف
wann	متى

Lektion XII

Bei der Behörden

Für eine Mission ist Jürgen für ein Jahr in Bahrain. Er möchte seine Aufenthalterlaubnis verlägern...

Lesen Sie den Dialog zwischen Jürgen und Ahmed, dem Beamten der Ausländerbehörde.

[8] -„كم“ hat die Bedeutung auch von wie..? wie z.B. Wie spät ist es = كم الساعة؟

Jürgen

Ahmed

صباح الخير

Guten Morgen.

صباح الخير

Guten Morgen.

أود أن اجدد رخصة الإقامة من فضلك

Ich möchte meine Aufenthaltserlaubnis verlägern.

مرحبا تفضل وأُجلس

Gerne,nehmen Sie bitte Platz.

شكرا

Danke.

هل معك بطاقة الهوية أو جواز سفر؟

Haben Sie ihre Identität oder ihren Reisepass dabei?

نعم معي جواز السفر تفضل

Ja, das ist mein Reisepass, bitte schön...

شكرا.هل حضرتك من النامسا ؟

Danke! Also Sie kommen aus Österreich, ja?!

نعم أنا نمساوي

Genau ich bin Österreicher.

هل تشتغل هنا في الامارات؟

Arbeiten sie hier in Bahrain?

نعم

Ja.

مذا تشتغل؟

Als was arbeiten sie?

أنا ضمن أحد أعضاء شركة لتكرير النفط واشتغل كمهندس مساح

Ich bin Mitarbeiter einer Erdölraffinerie und ich arbeite als Topografie-Ingenieur.

جيد

أحتاج منك أمرين : نسخة من عقد العمل و بيان التغطية الصحية

Gut.

Ich brauche zwei Sachen von ihnen: je eine Kopie der Arbeitsbescheinigung und eine von der Sozialversicherung

تفضل...

Bitte schön.

حسنا عليك دفع مبلغ 300 ريال للصندوق وملأ هذه الإستمارة.

Super, dann müssen sie 300 Ryal an der Kasse bezahlen und ein Formular ausfüllen.

أي استمارة؟

Welches Formular?

هاته الاستمارة تتضمن معلومات شخصية واخرى متعلقة بعملك.

Dieses Formular enthält Infos über ihre Person und über ihre Arbeit...

حسنا...

Leseverstehen

1-لمذا ذهب يورغن غلى مكتب الأجانب؟

Warum ist Jürgen zur Ausländerbehörde gegangen?

2-هل يورغن فرنسي؟

Ist Jürgen ein Franzose?

3-أين يعمل يورغن؟

Wo arbeitet Jürgen?

4-ما مهنتة يورغن؟

Was macht Jürgen beruflich?

5-ماهو مبلغ الرسوم التي يجب عليه دفعها؟

Wie hoch sind die Gebühren, die er bezahlen muss?

6- مذا طلب الموظف من يورغن علاوة على دفع المبلغ؟

Was muss Jürgen außer dem Betrag zu bezahlen, noch zusätzlich machen?

7-ماهي المعطيات التي تتضمنها الإستمارة؟

Welche Infos enthält das Formular?

Formular

Füllen Sie das Anmeldeformular aus!

الأِسْم العَائِـلِي Name
الأِسْـم الشّخْصِي Vorname
اَلْبَلـد das Land
المَدِينَة die Stadt
الجـنسية

Nationalität	
Alter	اَلسّن
Beruf	اَلْمِهْنة
Hausnummer	رَقْم المَنْـزل
Geschlecht	الـجـــنـس
Tel.nummer	رقْمُ الهَاتِف
Geburtsdatum	تاريخ الإزدياد
Geburtsort	مكان الإزدياد
Reisepassnummer	رقم جواز السفر
Name des Arbeitgebers	إسم المُشغل
Adresse des Arbeitgebers	عنوان المشغل

- Numerus: العدد

Wie spät ist es?

Wenn man gefragt wurde „Wie spät ist es?“, verwendet man die Ordinalzahlen für Std.und Kardinalzahlen für Minuten (Hocharabisch). z.B.

10:05 : إنـها العاشرة و خمسُ دقائق
10:20 : إنـها العاشرة و عشرون دقيقة

- Die erste Frage hier ist: Wann benutzt man Minute im Singular(دقيقة) und Minute als Plural(دقائق)?

Regel:
- von 3 bis 10 außer bei 2, sagt man "دقائق "
- ab 11 bis 59 sagt man „دقيقة"
- bei 2 min verwendet man Dualform „دقيقتان/دقيقتين"

Grammatik

- bei 1 min z.B. (10:01) verwendet man nur das Wort "دقيقة " , also für 10:01 sagt man:
  إنـها العاشرة ودقيقة / إنـها الدقيقة الواحدة بعد العاشرة

- die zweite Frage ist, wieso schreibt man bei 10:05 die 5 min so "خمسُ" und nicht "خمسةُ"?

- Die weibliche Endung "ـة" bei Zahlen wird allgemein weggelassen, wenn das gezählte Wort **weiblich** ist, deswegen sagt man auch z.B.
  عشْر معلمات / سبعُ مُهَندسات ...
  Also, weil die Minute "اَلدّقيقة" weiblich ist (man erkennt das an der weiblichen Endung "ـة") wird das T "ـة" von Zahlen weggelassen. Man sagt dann für 10:09 min z.B.:

العاشرة **و تسع** دقائق und nicht ~~العاشرة **وتسعة** دقائق~~

Übung

Wie spät ist es? Antworten Sie auf Arabisch.

11:34	07:15	14:37
05:02	07:07	03:55

➢ Die Pronomen الضمائر

❖ Die Possessivpronomen:

Da es mehr Personalpronomen in der arabischen Sprache gibt (siehe S.35) im Vergleich zur deutschen Sprache, ist es also normal, dass es mehrere Possessivpronomen gibt im Gegensatz zur deutschen Sprache.

Possessivendungen					
Singular		Dual		Plural	
ich(M/F)	ـي	wir	نا	wir	ـنا
du(M.)	ـكَ	ihr(F)	ـكما	ihr(F)	كنّ
du(F.)	ـكِ	ihr(M)	ـكما	ihr(m)	كم
er	ـهُ	sie(F)	هما	sie(F)	هن
sie	ـها	sie(M)	هما	sie(M)	هم

❖ Die Relativpronomen

Hier müssen wir wieder unterscheiden zwischen Plural, Dual und Singular:

Genus	singular	Dual	Plural
Maskulin	الّذي	اللّذان / اللّيذيْنِ	الّذين
Feminin	الّتي	اللّتان / اللّتين	اللّواتي/ اللاّئي

Bemerkungen / ملاحظات

- ✓ Im Singular und Pural werden die entsprechenden Relativpronomen (siehe Tabelle) immer in allen Kasus gleich verwendet.
- ✓ Bei Dual verwendet man das Rel.pronomen"**اللّذان**" b.z.w. "**اللتان**" beim Nominativ und „**اللّذين/اللّتين**" beim anderen Kasus (Dativ,Nom.,Gen.)

❖ Die Demonstrativpronomen

Hier muss man noch unterscheiden zwischen Singl. Dual und Plural:

Genus	Singular	Dual	Plural
Maskulin	هذا	هذان/ هذين	هؤلاء
(Weit) →	ذاك / ذلك	ذانك/ ذينك	أولئك
Feminin	هذه	هاتان/ هاتين	هؤلاء
(Weit) →	تلك	تانك/تينك	أولئك

➢ Die Partikel

❖ Konjunktionen

Konjunktionen	deutsche Bedeutung
و	und / während / mit
أو	oder
إما...أو...	entweder...oder
حتّى	bis / so dass
إذن	also (dann)
إذا	falls / wenn
كي / لكي	damit / um...zu...
لن	Verneinung in der Zukunft
ألا /على ألا..	Dass,....nicht
أن	Dass,....
فـ	Und / so dass ,...

❖ Ausnahmepartikel

Partikel	deutsche Bedeutung
عدا	außer
سوى	
إلا	

❖ Antwortpartikel

Partikel	deutsche Bedeutung
نعم	ja
لا	nein
أجل	gewiss
كلاّ	keineswegs,nein
بلى	doch

❖ Jussivpartikel: حروف الجزم

Partikel	deutsche Bedeutung

لمّا	noch nicht
لم/لا	nicht
إنْ	wenn (Kondition)
منْ	wer (Kondition)
ما	was (Kondition)
مهما	immer als Kondition
أينما	wo immer
متى	wann immer

❖ “إنّ واخواتها„

Partikel	deutsche Bedeutung
لكِنّ	aber
لعلّ	vielleicht
ليت	wenn doch
كأنّ	als ob
إنّ	wahrlich
أنّ	... dass,

❖ Besondere Partikel:

Partikel	deutsche Bedeutung
قد	vielleicht
سوف	Werde…
يا	O…!
أيها	O…!
أيتها	O…!
بـ / و / ت / قسما	Schwurpartikl “بالله”
لقد	schon (schon …passiert)

Konjugation

Sie finden die Konjugation einiger häufig benutzer Verben.

- **<u>Indikativ</u>**

Das Verb: studieren "درس"

Personal.pr	Präsens	Perfekt	Futur
أنا	أدرسُ	درسْتُ	سأدرس
أنتَ	تدرسُ	دَرَستَ	ستدرس
أنتِ	تدرسينَ	درسْتِ	ستدرسين
هوَ	يدرس	درسَ	سيدرسُ

هيَ	تدرسُ	درستْ	ستدرس
(M)هما	يدرسا ن	درسَا	سيدرسان
(f)هما	تدرسا ن	درستا	ستدرسان
(M)أنتما	تدرسا ن	درستما	ستدرسان
(f) أنتما	تدرسا ن	درستما	ستدرسان
هم	يدرسو ن	درسوا	سيدرسون
هنّ	يدرسـن	درسْنَ	سيدرسن
أنتم	تدرسو ن	درستمْ	ستدرسون
أنتن	تدرسن	درستنّ	ستدرسن
نحن	ندرس	درسنا	سندرس

Das Verb:sitzen“جلس“

Personal.pr	Präsens	Perfekt	Futur
أنا	أجْلسُ	جلستُ	سأجلس
أنتَ	تجلس	جلستَ	ستجلس
أنتِ	تجلسين	جلستِ	ستجلسين

هوَ	يجلس	جلسَ	سيجلس
هيَ	تجلس	جلستْ	ستجلس
(M) هما	يجلسان	جلسا	سيجلسان
(f) هما	تجلسان	جلستا	ستجلسان
(M) أنتما	تجلسان	جلستما	ستجلسان
(f) أنتما	تجلسان	جلستما	ستجلسان
هم	يجلسون	جلسوا	سيجلسون
هنّ	يجلسن	جلسن	سيجلسن
أنتم	تجلسون	جلستم	ستجلسون
أنتن	تجلسن	جلستن	ستجلسن
نحن	نجلس	جلسنا	سنجلس

Das Verb “schreiben“ كتب

Personal.pr	Präsens	Perfekt	Futur
أنا	أكتبُ	كتبتُ	سأكتب
أنتَ	تكتب	كتبْتَ	ستكتب
أنتِ	تكتبين	كتبْتِ	ستكتبين

هوَ	يكتب	كتبَ	سيكتب
هيَ	تكتب	كتبتْ	ستكتب
(M)هما	يكتبان	كتبا	سيكتبان
(f)هما	تكتبان	كتبتا	ستكتبان
(M)أنتما	تكتبان	كتبتما	ستكتبان
(f) أنتما	تكتبان	كتبتما	ستكتبان
هم	يكتبون	كتبوا	سيكتبون
هنّ	يكتبن	كتبْنَ	سيكتبن
أنتم	تكتبون	كتبتم	ستكتبون
أنتن	تكتبن	كتبتنّ	ستكتبن
نحن	نكتب	كتبنا	سنكتب

Das verb"lernen تعلّم "

Personal.pr	Präsens	Perfekt	Futur
أنا	أتعلم	تعلمتُ	سأتعلم
أنتَ	تتعلم	تعلمتَ	ستتعلم

أنتِ	تتعلمين	تعلمتِ	ستتعلمين
هوَ	يتعلم	تعلمَ	سيتعلم
هيَ	تتعلم	تعلمتْ	ستتعلم
(M) هما	يتعلمان	تعلما	سيتعلمان
(f) هما	تتعلمان	تعلمتا	**ستتعلمان**
(M)أنتما	تتعلمان	تعلمتما	ستتعلمان
(f) أنتما	تتعلمان	تعلمتما	ستتعلمان
هم	يتعلمون	تعَلموا	سيتعلمون
هنّ	يتعلمن	تعَلمن	سيتعلمن
أنتم	تتعلمون	تعلمتم	ستتعلمون
أنتن	تتعلمنَ	تعلمتنّ	ستتعلمن
نحن	نتعلمُ	تعلمنا	سنتعلم

Das Verb“sprechen“ أتكلّم

Personal.pr	Präsens	Perfekt	Futur
أنا	أتكلم	تكلمت	ساتكلم

أنتَ	تتكلم	تكلمت	ستتكلم
أنتِ	تتكلمين	تكلمت	ستتكلمين
هوَ	يتكلم	تكلم	سيتكلم
هيَ	تتكلم	تكلمتْ	ستتكلم
(M)هما	يتكلمان	تكلما	سيتكلمان
(f)هما	تتكلمان	تكلمتا	ستتكلمان
(M)أنتما	تتكلمان	تكلمتما	ستتكلمان
(f) أنتما	تتكلمان	تكلمتما	ستتكلمان
هم	يتكلمون	تكلموا	سيتكلمون
هنّ	يتكلّمن	تكلمن	سيتكلمن
أنتم	تتكلمون	تكلمتم	ستتكلمون
أنتن	تتكلمنَ	تكلمتن	ستتكلمن
نحن	نتكلّم	تكلمن	سنتكلم

Das Verb“wohnen“ سكن

Personal.pr	Präsens	Perfekt	Futur
أنا	أسكنُ	سكنتً	سأسكن
أنتَ	تسكنُ	سكنتَ	ستسكن

أنتِ	تسكنين	سكنتِ	ستسكنين
هوَ	يسكن	سكنَ	سيسكن
هيَ	تسكن	سكنتْ	ستسكن
(M) هما	يسكنان	سكنا	سيسكنان
(f) هما	تسكنان	سكنتا	ستسكنان
(M) أنتما	تسكنان	سكنتما	ستسكنان
(f) أنتما	تسكنان	سكنتما	ستسكنان
هم	يسكنون	سكنوا	سيسكنون
هنّ	يسكنّ	سكنّ	سيسكن
أنتم	تسكنون	سكنتم	ستسكنون
أنتن	تسكنّ	سكنتن	ستسكن
نحن	نسكن	سكنا	سنسكن

- **Konjunktiv , Imperativ, Negation**

Das Verb "studieren" درس

Personal.pr	Konjunktiv „أنْ"+Verb	Imperativ	Negation
أنا	أدرُسَ	-	لا أدرُسُ
أنتَ	تدرُسَ	أُدرُسْ	لا تدرُسُ

أنتِ	تدْرسي	أدرُسي	لا تدرُسين
هوَ	تدرسَ	أدرُسْ	لا يدرُس
هيَ	تدرسَ	-	لا تدرس
(M) هما	يدرسا	-	لا يدرسان
(f) هما	تدرسا	-	لا تدرسان
(M) أنتما	تدرسا	أدرُسا	لا تدرسان
(f) أنتما	تدرسا		لا تدرسان
هم	يدرسوا	-	لا يدرسون
هنّ	يدرسنَ	-	لا يدرسن
أنتم	تدرسوا	أدرسوا	لا تدرسون
أنتن	تدرسنَ	أدرسْنَ	لا تدرسن
نحن	ندرسَ	-	لا ندرس

Das Verb "verstehen" فهم

Personal.pr	Konjunktiv „أنْ"+Verb	Imperativ	Negation
أنا	أفْهمَ	-	لا أفهمُ
أنتَ	تفهمَ	اِفهمْ	لا تفهمُ

أنتِ	تفهمينَ	اِفهمي	لا تفهمينَ
هوَ	يفهمَ	-	لايفهمُ
هيَ	تفهمَ	-	لا تفهمُ
(M) هما	يفهما	-	لا يفهمان
(f) هما	تفهما	-	لا تفهمان
(M)أنتما	تفهما	اِفهما	لا تفهمان
(f) أنتما	تفهما		لا تفهمان
هم	تفهموا	-	لا يفهمون
هنّ	تفهمنَ	-	لا يفهمن
أنتم	تفهموا	اِفهموا	لا تفهموا
أنتن	تفهمنَ	اِفهمنَ	لا تفهمن
نحن	نفهمَ	-	لا نفهمُ

- **Der Jussiv : المضارع المجزوم**

Das Verb: „studieren“درس

Personalpronomen	Jussiv „لم“+ Verb
أنا	لم أدرسْ

أنتَ	لم تدرُسْ
أنتِ	لم تدرسِي
هوَ	لم يدرسْ
هيَ	لم تدرسْ
هما (M)	لم يدرسَا
هما (f)	لم تدرسا
أنتما (M)	لم تدرسا
أنتما (f)	لم تدرسا
هم	لم يدرسوا
هنّ	لم يدْرُسْنَ
أنتم	لم تدرُسُوا
أنتن	لم تدْرُسْنَ
نحن	لم نَدْرُسْ

Das Verb "schreiben" كتب

Personalpronomen	Jussiv „لم" + Verb

لم أكْتُبْ	أنا
لم تكتبْ	أنتَ
لم تكتبي	أنتِ
لم يكتبْ	هوَ
لم تكتبْ	هيَ
لم يكتُبَا	(M) هما
لم تكتبا	(f) هما
لم تكتبا	(M) أنتما
لم تكتبا	(f) أنتما
لم يكتبوا	هم
لم يكتبن	هنّ
لم تكتبوا	أنتم
لم تكتبن	أنتن
لم نكتب	نحن

Das Verb "lernen" تعلّم

Jussiv „لم"+ Verb	Personalpronomen

لم أتعلّمْ	أنا
لم تتعلّمْ	أنتَ
لم تتعلّمي	أنتِ
لم يتعلّمْ	هوَ
لم تتعلّمْ	هيَ
لم يتعلّما	هما(M)
لم يتعلما	هما(f)
لم تتعلّما	أنتما(M)
لم تتعلما	أنتما (f)
لم يتعلّموا	هم
لم يتعلّمنَ	هنّ
لم تتعلموا	أنتم
لم تتعلمْنَ	أنتن
لم نتعلّمْ	نحن

Das Verb "sprechen" أتكلّم

Personalpronomen		Jussiv „لم" + Verb
أنا		لم أتكلّمْ

لم تتكلّمْ		أنتَ
لم تتكلّمي		أنتِ
لم يتكلّمْ		هوَ
لم تتكلّمْ		هيَ
لم يتكلّما		(M) هما
لم تتكلّما		(f) هما
لم تتكلّما		(M) أنتما
لم تتكلّما		(f) أنتما
لم يتكلّموا		هم
لم يتكلّمْنَ		هنّ
لم تتكلّموا		أنتم
لم تتكلّمْنَ		أنتن
لم نتكَلّمْ		نحن

****

Gramatische Regeln für Anfängerkurse
اَلْقواعد اللغوية للدروس اَلإبتدائية

اَلجملة المفيدة تفيد معنى تاما، وتتركب من كلمتين أو أكثر.

أقسام الكلمة ثلاثة: اِسم وفعل وحرف

تثبت أِلفُ 'اَلْ' إذا سُبِقت بالباء ، وتحدف إذا سبقت باللام

يأتي زمن الفعل ماضيا أو مضارعا أو أمراً.

اَلجملة اُلفعلية هي التي تبتدأ بالفعل.

'ما' تنفي الفعل الماضي.

إذا دخلت الباء على أُسْمٍ مبدوء بلام ومسبوق ب " اَلْ "
لا يحدث أي تغيير.
وإذا دخلت اُللاّم على أُسْمٍ مبدوء بلام ومسبوق ب " اَلْ"
تحدف " ال "

تتكون اُلجملة الفعلية من فعل وفاعل.

'لم' تنفي الفعل المضارع.

اَلجملة اُلإسمية هي التي تبتدأ بأُسمٍ.

يأتي ألإسم مفردا أو مثنى أو جمعًا.

يكتب تنوين ألنصب في آخر ألإسم على ألالف.
إذا أنتهى ألإسم بتاء مربوطة أو بهمزة بعد ألألف،يُكتب تنوين النصب فوق ألتاء أو ألهمزة.

تتألف ألجملة الاسمية من مبتدإٍ وخبرٍ.
اَلمبتدأ أسم مرْفوعٌ تبتدِأ به الجملة ألاسمية ، وألخبر يتم معناها.

يأتي ألإسم إما نكرةً أو معرفا ب ' اَلْ '
اَلاسم ألنّكرة لا يقترن ب"ال" ويكون آخره منونا، والإِسم المعرف ب"ال" لا يكون آخره منونا.

يأتي ألفاعل ظاهرا أو ضميرا متصلا أو ضميرا مستتيراً.

اَلضمائر المتصلة التي تأتي فاعلا هي : اَلتاء المتحركة، "نا"الدالة على الفاعل'واو الجماعة' ألف الإِثنين، نون ألنسوة، ياء المخاطبة.

تُكْتب ألتاء مبسوطة في ألاسم بعد سكون، وفي جمع ألْمؤنث ألسّالم ومع الفعل.

تُكتب التاء مربوطة في ألاسم، إذا وقعت بعد فتحة، وصحّ الوقوف عليها هاءً.

اَلمفعول به أُسم منصوب وقع عليه فعل الفاعل.
يأتي ألمفعول به أسما ظاهرا أو ضميرا.

من الضمائر المنفصلة التي تأتي مفعولا به: ياء ألمتكلم، كاف ألمخاطب وألمخاطبة، هاء ألغائب وألغائبة ونا الدالة على جماعة المتكلمين. : (ي- ك -ـه-ها ـنا)

من حروف ألجر : إلى، على ، في ، عنْ ، منْ ، اللام، الباء، الكاف.
يأتي ألاسم بعد حروف الجر مجرورا.

اَلفعل ألسالم ما خلت حروفه ألأصلية من ألهمزة وألتضعيف و حروف ألعلة.

تكتب ألهمزة في آخر ألكلمة: على ألألف إذا كان ما قبلها مفتوحا،على الياء إذا كان ما قبلها مكسورا ،على ألواو إذا كان ما قبلها مضموما وعلى السطر إذا كان ما قبلها ساكنا.

ألفعل المضعّف ما كان أحدُ حروفه ألأصلية مكرّرًا.
يُفك إدغام ألمضعّف عند إسناده إلى ألتاء المتحركة، ونا الدالة على الفاعل ونون ألنسوة.

من حروف اُلعطف : اَلواو ،ثُمّ .
يتبع اُلمعطوفُ المعطوفَ عليه في إعرابه.

اَلفعل المهموز ما كان أحد حروفه اُلأصلية همزةً.

تُكتب الهمزة المتوسطة على اُلألف إذا كانت:
* مفتوحة وقبلها فتحٌ أو سكونٌ.
* ساكنةً وقبلها فتحٌ.

اَلفعل المثال هو اُلذي يبتدئ بحرف علة.

من اُلنواسخ اُلفعلية: كان،أضحى،ظلّ، أمسى،بات،صار،ليس....
تدخل هذه النواسخ على اُلمبتدإ واُلخبر،فترفع اُلمبتدأ ويسمى اسمها،وتنصب الخبر ويسمى خبرها.

اَلفعل اُلأجوف ما كان وسطه حرْفَ علة.

تُكتب الهمزة المتوسطة على الواو :
* إذا كانت مضمومة وما قبلها فتحة أو سكون.
* إذا كانت مفتوحة أو ساكنة وما قبلها مضمومٌ.

اَلفعل اُلناقص ماكان آخره حرفَ علةٍ.

اَلنواسخ الحرفية هي:إنّ،أنّ،كأنّ،لكنّ،ليت،لعلّ.
تدخل هذه اُلنوسخ على المبتدإوالخبر،فتنصب اُلمبتدأ ويسمى أُسمها،وترفع الخبر ويسمى خبرها.

'أن'،و ' لمْ' تنصبان الفعل اُلمضارع.

تُكتب اُلهمزة المتوسطة على الياء إذا كانت مكسورة أو سبقتها كسرةٌ أو ياءُ ساكنةٌ.

'لمْ ' و'لا' الناهية تجزمان الفعل المضارع.

****

Viel Spaß beim Lernen!

„Es ist noch kein Meister vom Himmel gefallen“

حرر في يومه الخميس ٣١ مارس ٢٠١٦
الموافق ل ٢٢ جمادى الثاني ١٤٣٧